12歳からのマナー集

インターネット、ケータイから、電車内マナーまで

多湖 輝

PHP文庫

○本表紙図柄＝ロゼッタ・ストーン（大英博物館蔵）
○本表紙デザイン＋紋章＝上田晃郷

はじめに

Ⅰ マナーとは、気持ちよく楽しく暮らすための決まりごとです

マナーって何でしょうか。別に子どものキミにタキシードやイブニングドレスを着せるような話ではありません。

普段着のままで、気持ちよく学校生活や家庭生活、社会生活を送れればわたしたちの悩みの多くは消えてなくなるはずです。

マナーとは、普段着のままで気持ちよく暮らすためのみんなの〝決まりごと〟と考えましょう。

その根底にあるのは「自分がされてイヤなことは人にもしない！」ということです。

ところで社会って何ですか？

大勢の人がいっしょに暮らしている場所ということですよね。学校も家庭もその中に含まれます。

大勢の人がいれば、そこに誤解《ごかい》が生じ、行き違いがあり、衝突があり、ケンカもあります。そのつど、「キレた」とか「頭に来た」とか言っていたらこの社会は殺伐《さつばつ》としてしまいます。学校も家庭も街も危険でおもしろいところではなくなります。

以前、インターネットの書き込みをめぐって大きな事件がありました。みなさんもご存じだと思います。

二人の少女に大変な不幸が訪れ、二人の親や祖父母や兄弟姉妹や学校の先生や友だちみんなが大きな悲しみの底につき落とされました。結局いいことなど一つもありませんでした。

いいことなど一つもないことがどうして起こってしまうのでしょうか。そのことを以下で考えてみたいと思います。

Ⅱ なぜ、人はケンカしてしまうのでしょうか

人はなぜ他の人が嫌いになったり、トラブルになったりするのでしょうか。考えたことがありますか？

わたしは多分こういうことだと思います。

「自分を出す」ときは出す。「自分を抑える」ときは抑える。「自分を出す」ことを自己主張《じこしゅちょう》といいますね。「自分を抑える」は自己抑制《じこよくせい》です。

この二つがうまくいかないと、自分でも思ってもみなかったことが起こってしまうのです。

「あんなことを言われて、頭に来ちゃう（でも、人には言えないよな）」。こう思っていると心の中にモヤモヤが溜《た》まり、それがいつか爆発します。自分をうまく出せないのですね。だから、自分の気持ちは上手に出していかなければなりません。

自己主張は大切です。

でもこれがとても難しい。

自己主張をしすぎれば「なまいき」だと思われる。
「自分勝手」と思われる。
「協調性」がないと思われる。

だから自分を上手に出すためのマナーがあるのです。

日本人は、伝統的に自分を抑える方がいい人間関係が保てると考えてきました。「長いものにまかれろ」とか「寄らば大樹の陰《かげ》」って言うでしょう。

今は個性を大切にする時代ですから、現実はそれですまなくなっているのです。

個性を出すということは、自己主張ですね。ですから人と衝突しないように上手に個性を出さなければなりません。

インターネットは新しいコミュニケーションの手段です。ネット上で自分を上手に出す、あるいは自分を抑える方法、つまりマナーやルールがまだ広く伝わっていません。だからトラブルになってしまうのです。

Ⅲ どんな人間関係にもある「作用」と「反作用」

人間関係は作用と反作用でなりたっていると考えてください。「いい作用」には「いい反作用」が、「悪い作用」には「悪い反作用」が起こります。作用・反作用って何でしょうか。ボールを床に落とせば反動で球は跳ね上がります。これが作用と反作用です。

イジメれば、相手に反発されたり一生恨《うら》まれるかもしれない。人間関係もすべてこのような作用と反作用でなりたっています。

相手に恨まれたり、憎まれたり、反発されたり、あるいは攻撃されないためには、「悪い反作用」が起こらない言い方・やり方をレッスンする必要があります。そこで大切なのが対人関係のマナーや社会の中のルールですね。

たとえばこんなこと。

クラスに勉強ができてスポーツもうまい人気者がいました。Aクンとしましょう。同じクラスにBクンがいました。あまりおしゃべりが得意でないひっこみ思案の同級生です。陽気で人気者のAクンは、ことあるごとにBクンにむずかしい問題を投げかけます。

たとえばクラスで掃除をするとき、一番きつい所を「そうだBクンにやってもらおうよ」と言うのです。みんながうなずくのでBクンは仕方なく、いつも一番きついところを担当します。これはいじめですね。いじめはルール違反であり、マナーにはずれています。

陽気なAクンは、いじめをしているという自覚もないし、そのときBクンがどんな気持ちでいるかも考えていないようです。「何にも言わないんだからいいんじゃない」。そう思っているようです。

Bクンは黙って掃除をしているから、何も問題はないのでしょうか？ そんなことはありません。反作用はかならずあるのです。BクンはAクンをものすごく嫌いになっています。これがAクンにとっての「悪い反作用」です。

クラスのみんなの心の中にも、Aクンってほんとうはヒドイ人だなという気持ちが芽生《めば》えます。いつの間にかAクンはクラスの人気者ではなくなっているのです。つまり、Aクンはみんなの心の中では、スーパースターでも人気者でもない、たんなるイヤなヤツに成り下がっているのです。これも「悪い反作用」。

大人になるとこのような作用と反作用はもっとハッキリしてきます。たとえば大人になったキミがある人をバカにしたとします。あるいは無視したとします。するとその人は、公然とキミに文句を言ってくるでしょう。あるいは黙ってキミの元から去って行くでしょう。そして他の人に「○○はヒドイ人だ」と言うでしょう。

するとどうなるでしょうか。キミは人望《じんぼう》がない人だということで、仕事のリーダーにはなれません。いっしょにお酒を飲む仲間も気持ちのいい快活な人がだんだん少なくなります。友人がいないということで信用もなくなるかもしれません。すると仕事がうまくいかなくなり、それにともない収入も減るかもしれません。気がつけば友だちの少ない寂《さび》しい人生を送っているということになりかねません。

ここでわたしは何を言いたいかって？

そうです。人間のすることにはかならず反作用があるということ。その反作用を悪いもの、不愉快なものにしないためにもマナーがあるのです。

Ⅳ そして、人の痛みを想像してみることが大切

今まで二つのことを述べました。

一つは、「自分を出す」と「自分を抑える」のバランスが取れれば、「キレたり」することが少なくなるということ。

二つ目は、人間のすることには必ず反作用が伴うということを知ること。だから自分にとってマイナスとなったり不愉快になるような反作用に合わないために、マナーやルールを学ぼうということ。

そして三つ目は、二つ目にすごく関係があることです。

「人の痛みを想像する」ことです。

さっきBクンについて話しました。Bクンはとても悲しかったはずです。悔《くや》しかったでしょう。でもAクンはそれに気がつきませんでした。

Bクンの心の痛みが想像できないのです。

人の痛みを感じることは、マナーにとってとても大切なことです。それは「自分が同じことをされたらどう思うだろうか?」と考えることと同じです。

自分がこんなことを言われたり、やらされたら、どう思うだろうか。ことあるごとにそう考えてみる。そういう習慣をつけることが大切です。そうすれば、やっていいこととやっていけないことが自然にわかってきます。自分がやられてイヤなことは、やってはいけないことなのです。それを知ることがマナーを覚えることなのです。

あるおばあさんが大変喜んでいました。右手で杖《つえ》をついて左手に大きな買い物袋を持って、お店のドアの前まで来ました。何ももっていなくてもおばあさんにとってドアを開けることは大変なことなのです。

すると、自分の前を歩いていた小学六年生ぐらいの男の子が、ドアを開けて、手で支えておばあさんが出やすいようにしてくれました。そのことをおばあさんは喜んだのです。「最近の子はエライ」と言って。

欧米では、ドアを開けたら次の人が閉まるドアにぶつからないようにちょっとの間だけドアを手で支えるのがマナーになっています。

ところが日本ではどうでしょう。人のために開けてやるなどとんでもないと思っているのか、自分が通る瞬間《しゅんかん》ドアを少しだけ開けてサッと手を放してしまう若者がいました。人のために一秒でもドアを支えることなど損《そん》だと言わんばかりです。人の気持ちになるための努力が欠けているのです。さっきの男の子は、残念ながらこの日本では少数派なのです。

マナーはほんとうはとてもかんたんなことなのです。現にこの男の子はかんたんにやってのけました。

それでは12歳からの、人に好ましく思われるためのマナーをインターネット、ケータイ、電話、さまざまな人との交際、それから電車に乗ったときやレストランなどさまざまな場面で考えていきたいと思います。

12歳からのマナー集◆目次

はじめに

Ⅰ マナーとは、気持ちよく楽しく暮らすための決まりごとです 3
Ⅱ なぜ、人はケンカしてしまうのでしょうか 5
Ⅲ どんな人間関係にもある「作用」と「反作用」 7
Ⅳ そして、人の痛みを想像してみることが大切 10

第1章 「インターネット」を楽しくするマナー

001 インターネットは**楽しく遊んだり学ぶための道具**、人を傷つける道具ではありません 34
002 **インターネットで悪口を言う人**を、ほめて、おだてて、くすぐってしまおう 35
003 インターネットで人の悪口ばかりを言う人は、友だちがいない〝**寂しがり屋さん**〟 36
004 **人を楽しませると**「相手だけでなく、自分が楽しくなる」ということを覚えておこう 38

005 **マナーを守れば**楽しい会話は自然に広がっていく。無理をしてふざけすぎない方がうまくいく 39
006 インターネットで話し合うと、世の中には**自分と違う考えの人がいる**ことを学べる 40
007 自分と他人は考え方が違う。相手の気持ちがわからないときは、**相手の立場になって**考えてみよう 41
008 世の中には、「どうしても**気が合わない人がいる**」。それを知ることが大切 42
009 **相手の顔が見えない**から好き勝手なことをインターネットで書く。これがケンカの原因 43
010 「チャット」などで**汚い言葉にむらがる**のはハエと同じ。こんな場所からすぐに離れること 44
011 「**弱いものいじめ**」になることは、冗談でも話題にしてはいけない 45
012 昔の人は「因果応報」と言いました。人に言った**悪口はいつか自分のところに**返ってきます 46
013 相手の前で言えない**悪口を、メールに書いてはいけません** 47

014 メールで言い合って、カッカと熱くなったら「**少し冷却期間をおこう**」——これは大人の提案だ 48
015 「不幸のメール」は次に回してはいけない。**無視して「削除」**するのが正しいマナーです 49
016 友だちから来たメールを、**友だちの許しもなく**ナイショで他の人に公開してはいけません 50
017 インターネットは大勢の人が見るので、**不確かな情報は伝えない**ようにする 51
018 ホームページは**小さな「放送局」**と考えると、書いてはいけないことがわかる 52
019 インターネットは**顔が見えない。**キミが話しているのはじつは「悪い人」かもしれません 53
020 知らない人に「**自分の個人情報」を教えてはいけません。**ケータイも同じです 54
021 知らない人に**家族の情報を教えてはいけない。**相手が泥棒なら、「明日から家族は留守です」と教えることになる 56
022 だまされたくなければ、**悪い人ほど「親切そうなことを言う」**と思っていた方がいい 57

023 信用できる人かどうかわからないときは**家族に相談しよう。**
大人は人生経験が長いのでそれがわかります 58

024 メールに書いてあることが**ほんとうかどうか**はわかりません。
そのまま信用してはいけない 59

025 「迷惑メール」は**読まずに「削除」**してしまおう。
遊び半分に答えると、悪い人のワナにはまってしまう 60

026 大切な話や悩みごとは、**直接話す**方がいい。メールはいろいろな人の目にふれる 61

027 悪口を言って気持ちがいいのは一瞬だけ。
あとはずっと後悔します。**ときにはグッと我慢**をしてみよう 62

028 親しいメール友だちだからこそ、**マナーを守って**つき合おう 63

029 インターネットのつき合いで失敗してもいい。
失敗を恐れずに。そこから学ぶことが大切なのです 64

030 マナーを守って使いこなせば、キミも**インターネットの「達人」**になれる 65

第2章 メールを「書く」マナー

031 インターネット上で**気持ちはうまく伝わらない。**
だからマナーを守り、うまく伝える工夫をしよう 68

032 メールは話し言葉のようには伝わらない。
メールで気持ちを表すには、**書き方のルールを守ること** 69

033 メールに複雑な感情を込めることはできません。
冗談のつもりが悪口になってしまうことが多い 70

034 **相手の顔を思い浮かべて**メールを書くと、自然に心のこもった内容になる 71

035 初めての人にメールを書くときは自己紹介をするのがマナー。
でも**住所・電話番号・パスワードは書かない** 72

036 メールの「**タイトル**」**はわかりやすく。**
「こんにちは」だけでは誰からのメールかわかりません 73

037 返事を書く前に**もう一度相手のメールをよく読んで。**
おたがいに「わかり合う」第一歩です 74

038 キミの「何気ない一言」が人を傷つけることがある。知らずに**傷つけたときはすぐに謝ろう** 75
039 言葉は生き物。**タイミングよく**使えると、短い一言でも相手の心にスッと届きます 76
040 ケータイのメールは**内容を短くまとめて書く**と、相手の心に伝わりやすくなる 78
041 メールに人の失敗を書いて笑い合ってはいけません。笑わせたいなら**「自分の失敗」を書く**こと 79
042 手紙を書くときは、**間違った字を使っていないか**確かめるのがマナー。メールも同じです 80
043 怒って書いたメールや手紙は**一晩おいて読み返してみる**と、ぜんぜん違って見えてくるもの 81
044 一度出したメールは取り戻せない。送る前に**相手の気持ちになって読み直そう** 82
045 キミは家族に友だちのメールを見せられますか。家族に見せられる**オープンなメール**づき合いを 83

第3章 「人を殺す」ってどういうこと?

046 自分を大切にするのがマナーの基本。**「人を殺さないこと」**は自分を大切にすることだ 86

047 **自分のことを大切に思う**と、相手のことも大切に考えられるようになる。相手も自分のことが大切なのです 87

048 殺したいと思う気持ちと、「ほんとうに殺すこと」はぜんぜん違う。**キレずに考える**ことが何より大切 88

049 「人を殺して**幸せになった人は一人もいない**」この言葉をいつも頭の片隅においておこう 89

050 人を殺すとお詫びのおカネを払い続けなくてはならない。**奪った「命の代償」**はそれでも払いきれない 90

051 人を殺すと友だちはいなくなる。**人殺しが許される理由は一つもない** 91

052 人を殺すと世の中から逃げ隠れしなければならない。**罪を背負って生きる**とはどういうことか 92

053 人を殺すと夜グッスリ眠れなくなる。なぜなら**「良心」が夜ごとに目覚めて、自分を責める**から 93

054 自分の中の**「よい心」を大切に**しよう。悪いことをすると「よい心」は恥ずかしくなって隠れてしまう 94

055 「殺してしまいたい」と思ったときはどうすればいいのか。その**気持ちを正直に家族に話してみよう** 96

056 **一人きりで考えていると**、悪い思いがふくらんでいく。家族に話すことが自分を助けることになる 97

057 殺すことを考えると心が重くなります。**仲よくすることを考える方が楽しい**はず 98

058 殺したいほど嫌いな人なら、**つき合いを断てばいい。**無理をしてつき合う必要はありません 99

059 ヒーローが活躍するマンガやテレビの世界と、**「現実の世界」の一番大きな違いは**どこでしょうか？ 100

060 人を殺して自分の**一生をメチャメチャにしてしまう**なんて、もったいなさすぎる 101

第4章 トラブルを避ける「心の準備」

061 トラブルは生きた勉強のチャンス。
トラブルのない世界はないのだから**何かを学ぶつもりで立ち向かおう** 104

062 トラブルには勇気をもって立ち向かう。でも、「**ほんとうの勇気**」って何だろう 105

063 「**正しいと思うことをやりとげる**勇気」
「**間違ったと気づいたとき謝る**勇気」この二つを知ること 106

064 ほんとうに許せないと思っても、
「**今度だけは許してあげる**」と言えるやさしい気持ちをもとう 107

065 トラブルに巻き込まれやすい人は、**無神経に危ない場所に近づく**人。
こんな人について行かないこと 108

066 危険を感じたら迷わず**大声で助けを求めよう**。
大声をあげるのは恥ずかしいことではない 109

067 「しなければならない我慢」と「してはいけない我慢」がある。
何でも我慢することが正しいわけではない 110

068 何でも**人のせい**にするとトラブルは大きくなってしまう。責任は押しつけるより分けた方がいい 111

069 家族にはふだんから**何でも言える**ようにしておこう。トラブルのとき頼りになるのは家族です 112

070 たとえ親友がキミを裏切っても、親がキミを**裏切ることはありません** 113

071 「イヤなこと」をされたり言われたときは、まず、**自分に反省点がないか**どうか、確かめよう 114

072 ヒソヒソ話はしないこと。友だちと話していて声が小さくなっていくときは、よからぬ話になっていると注意しよう 115

073 謝るときは、**ハッキリ謝る**こと。キミが謝られたときは、**堂々と受け入れてあげよう** 117

074 相手の**意見は最後まで聞こう**。意見を言うときは、「次はわたしの意見を聞いてください」と言おう 118

075 なぜ**他人の欠点ばかりが見えてしまう**のかな？ 欠点ならキミにもあるのに。理由を考えてみよう 119

076 「おたがいさま」ってなんてすばらしい言葉なんだろう。**友だちの長所はノートに書けば気づくかもしれない** 120

第5章 困ったときは、こうしよう

077 「いじめ」にあったとき、**一番いけないのは我慢してしまうこと** 122
078 「いじめ」をする人は、心が腐りかけていないか心配です。**人の悲しみに気づく**人こそ、すばらしい人です 123
079 おカネをたかる「カツアゲ」はりっぱな犯罪。被害にあったらためらわずに**家族に相談**しよう 124
080 少ない金額でも子ども同士で**おカネの貸し借りはいけない**。トラブルの元です 125
081 ほしいものは自分で買う。たかり行為や盗みはいけません。**おカネと正しくつき合える**人間になろう 126
082 **黙って人のものを使ってはいけない**。借りたものは大切にあつかい、すみやかに返すこと 127

083 おごったりおごられたりするとトラブルになることがある。友だちなら**半分に分け合おう** 128
084 誰かがケンカをしているのを見たら、おせっかいでも「まあまあ」と**仲裁に入れる人間**になろう 130
085 **みんながやっているからやっていい？** みんなで赤信号を渡るときは、誰もが注意を怠っている一番危ないとき 131
086 スポーツや勉強ができるくらいで得意にならない。ほんとうに**すごい人は、自慢しません** 132
087 外国人の前ではキミが「**日本人の代表**」だ。日本の印象をよくするのがキミの役割 133
088 守れば守るほど**楽しい生活が待っている**。それがルールです 134
089 マナーでもっとも大切なこと、それは「**笑顔**」です。不機嫌な顔は周りの人にとって不愉快 135
090 人の**マナー違反**を見たらどうしますか？ そこから学ぶべきことがあります 136

第6章「言葉・電話」のマナー

091 「自分の考えていること」を伝え、「相手の考えていること」を理解することが**言葉の第一の役割** 138

092 悩みや不満はお腹にためるとドンドンふくらむ。**声に出して言うと楽になります** 139

093 人に注意されて、「関係ネーよ」と言う人は、**何が関係ないのか**説明できますか? 140

094 乱暴な言葉を使うと**気持ちがカサカサ**してくる。言葉の乱れが、服装の乱れとなり、非行につながる 141

095 挨拶が飛び交う町は犯罪が少ない。**挨拶の力**に気づこう「おはよう」「こんにちは」 142

096 友だちの家に行ったら必ず**家の人に挨拶しよう。**挨拶しないと「いい友だちじゃないな」と思われます 143

097 **目上の人にはていねいな言葉を**使いましょう。それが日本語のマナーです 144

098 お父さんお母さんは「**父**」「**母**」。自分のことは「名前」ではなく、「**わたし**」「**ぼく**」と答えよう 145

099 「ありがとう」は魔法の言葉。
一日何回言ったかが**幸せのバロメーター**になるのです 146

100 **絶対に言ってはいけない**「ブス」という言葉。
言われた人にとって、一生つらい思い出となるのです 148

101 電話がかかってきました。「ハイ、鈴木です」と
答えるのはダメ。**まず相手の名前を確認**しよう 149

102 あやしい電話がかかってきたら、まず相手の名前と電話番号を確認し、
近くにいる大人に連絡しよう 150

103 友人の電話番号や住所を**他人に教えるのはマナー違反**。
何かが起こったら責任が取れますか？ 151

104 電話を切るときは**一呼吸置いてから切る**と失礼にならない。
早く切ると相手の耳に衝撃音が伝わります 152

105 電話で、大切なことはかならず**メモをする習慣**をつけよう。
人間は聞いただけではすぐ忘れるものです 153

第7章「歩く・乗る」マナー

106 歩いていて、追い抜いた人のすぐ前に出るのは危険です。**うしろの人への注意が大切** 156
107 階段を登るとき、**雨傘を横向きに持てば凶器になる。**とがっている方を下にして持とう 157
108 **体の不自由な人がいたら**、今その人にとって何が大変なのか想像してみよう 158
109 無灯火で夜道を走る自転車は「走る凶器」です。**夜道は点灯が原則** 159
110 自転車は車より弱いから、歩道を走ってもいい。でも**歩行者は自転車より弱い**のです 160
111 **放置自転車**は歩行者を危険な目にあわせ、商店のじゃまになりがち 161
112 電車では**降りる人が先**に決まっている。われ先に乗り込む人は「おバカさん」？ 162
113 **車内で飲み食いをしない。**ゴミを床に捨てたり、座席の隅に押し込まない 163

114 黙って人の体に触れない。やむなく触れるときは「**失礼します**」とか「**すみません**」と言おう 164
115 携帯音楽プレーヤーのシャカシャカ音はとても耳ざわり。聴くときは**音を絞って** 165
116 電車の中で、**お年寄りに席を譲る**のは当たり前。それができない日本人は恥ずかしい日本人だぞ 166
117 電車内で床に座らない、**入り口付近にたむろしない** 167
118 電車内で大きな声でケータイを使う人は、**山猿と同じ**だそうです 168
119 新幹線や飛行機の座席シートを倒すときは、**うしろの人が何をしているか**確認してからにしよう 170

第8章 「買う・見る・食べる」マナー

120 お店の中を「**歩くリズム**」に気がつこう。けっして走らないキミはエレガントだ 172
121 切符を買うときは、**あらかじめ目的地をチェック**し、おカネを準備しておこう 173

122 本の**立ち読みは「盗み」と同じ**行為です。大人がやっているからといってマネしてはいけない 174
123 立ち読みがいけないもう一つの理由、それは営業妨害だからです 175
124 **「たかが万引き」**でしょうか？　万引きによって倒産する書店もあります 176
125 **汚れた手で品物にさわらない**。さわれば商品の価値がなくなります 177
126 ショーケースの中に展示されているものを見たいときは、**「見てもいいですか」**と聞こう 178
127 スーパーマーケットのカゴやカートは、**元の場所に戻そう** 179
128 レストランの中を走り回るのは、ネズミと同じ行為。大声を出すのも**マナー違反** 180
129 口にものを**ほおばりながらしゃべらない**。ものが入っているとき話しかけられたら、口を指でさそう 181
130 スープを飲むときは音を立てないこと。**〝食べる〟ようにして飲むとよい** 183
131 **朝食をしっかり食べれば**明るい一日が待っています。成績も上がるそうだ！ 184
132 食事マナーの**基本は箸の使い方**にあります。箸を上手に使える人は、しつけのいい人 185

133 覚えておこう。**マナー違反の箸の使い方** 186
134 西洋料理ではたくさんのスプーンやフォークが並んでいますが、**外側から使えばいい** 187
135 「**出されたものはきれいに食べる**」はもっとも大切なマナー。気をつけたいバイキング料理のとりすぎ 188

本文イラスト　中林康弘

第1章

「インターネット」を楽しくするマナー

1 インターネットは楽しく遊んだり学ぶための道具、人を傷つける道具ではありません

インターネットは、世界中の情報を集めたり、世界中の人と話ができる便利な道具です。友だちと楽しい話をすることもできるし、逆に人の悪口を書き込むこともできます。

何でもできるから、じょうずに使うためのマナーを覚えることが大切です。でもインターネットに、何をどこまで書いたらマナー違反になるのでしょうか。迷ったときは次の言葉を思い出してください。

「自分がされてイヤなことは人にもしない！」

これがマナーの原点です。悪口を書かれてイヤだったら、キミは人の悪口を書かないことです。こうすれば、楽しくインターネットを使いこなすことができます。何でもできる便利な道具だから、楽しいことやいいことのためだけに使うようにしよう。

2 インターネットで悪口を言う人を、ほめて、おだてて、くすぐってしまおう

インターネットのホームページや掲示板《けいじばん》に、自分の悪口を書かれたら頭に来ますよね。負けずに自分も言い返したくなります。

でも、こんなときこそ「自分がされてイヤなことは人にもしない！」という言葉を思い出しましょう。

ではこんなときはどうすればいいのでしょう。自分がされたらうれしいことを相手にしてあげるのです。

悪口を言われたことは無視して、「○○さんは絵がとってもじょうずです」「文章もじょうず」というように、その人のいいところをほめましょう。ほめて、おだてて、悪口を言わせないようにしてしまうのです。ほめられて気を悪くする人はいません。

これならケンカになりませんよね。

3 インターネットで人の悪口ばかりを言う人は、友だちがいない〝寂しがり屋さん〟

インターネットを使ってたくさんの友だちと楽しく話をしているとき、突然会話に割り込んできて、汚い言葉を投げかけたり、自分勝手《かって》なことを言い出す人がいます。

わざと人のイヤがることをする困った人です。こんな人が割り込んでくると楽しい会話がいっぺんにつまらなくなってしまいます。

なぜわざとこんなマナー違反をするのでしょうか。楽しい話をしたいけれど、話せる人がいないからだと思います。楽しい話をしている人を見ると、うらやましくなってわざとみんながイヤがることをするのでしょう。

わざと悪い言葉を使って、いかにも人がイヤがるような書き込みをしたりします。でもこんな人にかぎってほんとうは、ひとりぼっちの寂《さび》しがり屋さんなのです。

じゃまをしてやる!
ブッ
ブッ

4 人を楽しませると「相手だけでなく、自分が楽しくなる」ということを覚えておこう

ひとりぼっちの寂しがり屋さんはいつも、何か楽しいことはないかと考えています。パソコンのスイッチを入れるときも、誰かと楽しい会話ができないかと思っているはずです。

でも、みんなが自分を無視して楽しい会話をしているように思えて、わざと悪い言葉を使ってしまいます。こうしてみんなから注目されたいと思ってしまうのです。

もちろんこれではうまくいくはずがありませんよね。ひとりぼっちの寂しがり屋さんが間違っているのは、「誰か自分を楽しませてくれる人はいないか」と考えていることなのです。これは順番が逆で、自分が楽しくなりたかったら、まず人を楽しませなくてはなりません。一所懸命《いっしょけんめい》人を楽しませているうちに、自分が楽しくなっていくのです。

5 マナーを守れば楽しい会話は自然に広がっていく。無理をしてふざけすぎない方がうまくいく

「人を楽しませる」というと、おもしろいギャグを連発して、相手を笑わせなくてはならないと思う人がいるかもしれません。でも、そんな無理はしない方がいいのです。

相手を笑わそうと無理をすると、自分だけ浮いてしまったり、誰かの悪口に発展してしまうこともあります。なぜなら、笑いをとる一番簡単な方法は、人の失敗や欠点をあげることだからです。でもこれではマナーも何もありません。

マナー違反をすると楽しい会話は続きません。おもしろいギャグを書こうと無理をするのではなくて、人の失敗や悪口を書かないように注意するだけでいいのです。

こういうマナーを守るだけで、楽しい会話は自然に広がっていきます。もちろんこれはインターネットだけでなく、ふだんの会話でも大切なことです。

6 インターネットで話し合うと、世の中には自分と違う考えの人がいることを学べる

インターネットには、子ども向けの「チャット」があります。また、ホームページを開いて「掲示板」をつくると、いろいろな人がメッセージを書き込んでくれます。

チャットや掲示板では、知らないたくさんの人と話をすることができるのです。そして、こういう知らない人たちと話をすると、世の中にはいろいろな考え方をもっている人がいることがわかります。

自分とは違う考えをもっている人もたくさんいるはずです。スポーツなんて大嫌いという人もいるでしょう。塾なんか行かないよという人だっています。

それがいいとか悪いとかいうのではなくて、考え方の違う人がいるということを知るのはとても大切なことなのです。みんなが自分と同じというわけではありません。

7 自分と他人は考え方が違う。相手の気持ちがわからないときは、相手の立場になって考えてみよう

世の中にはキミと違う考え方をもった人がたくさんいます。というより、いろいろな話をしてみると、自分とまったく同じ考え方の人などいないことがわかります。

自分は自分、他人は他人なのです。こうして自分と他人は、生き方も考え方も違うのだと知ることは、大人への第一歩です。

大人になると、自分と同じ考えの人とだけつき合うわけにはいかなくなります。考え方の違う年代の人や、考え方の違う国の人ともつき合っていかなくてはならなくなります。

こういうとき賢《かしこ》い大人の人たちは「もしも自分が相手の人だったらどう考えるだろうか」と相手の立場になって考えてみます。

相手との違いを知るのはその第一歩なのです。

8 世の中には、「どうしても気が合わない人がいる」。それを知ることが大切

ここで、少しだけ大人の話をします。学校ではみんなと仲よくしましょうと習います。誰とでも仲よくできるようになるのはとても大切なことです。これはでも、いくら頑張ってもほんとうに親しくなれない人はいるのです。「気が合わない」ということなのです。

相手が悪いとか、キミが悪いということではありません。「気が合わない」ということなのです。

大人の人は気が合わない人ともつき合います。ただ、無理に仲よくなろうとは思いません。無理に仲よくならなくても、マナーを守ってつき合うことができるからです。

これが大人のつき合いです。気が合わないからといって、相手に失礼なことを言ったり、したりはしません。どうしても仲よくなれない人は、どちらかが悪いのではなくて、気が合わないのだと考えてみるようにしましょう。

9 相手の顔が見えないから好き勝手なことをインターネットで書く。これがケンカの原因

インターネットを使って話をするときは、ふだんよりケンカが起こりやすいのです。

なぜでしょうか。

原因の一つは、インターネットを使って話をすると相手の顔が見えないので、言いたいことを好き勝手に言えてしまうからです。

相手の気持ちなどおかまいなしに、自分の気持ちだけを一方的に言うことができるのです。

通常の人と人との関係ではこれは卑怯《ひきょう》なやり方になります。言いたいことは面と向かって言うのがマナーだからです。

面と向かっては言えないことを言っているときは、相手の気分を害しているかもしれないと考えましょう。

10 「チャット」などで汚い言葉にむらがるのはハエと同じ。こんな場所からすぐに離れること

誰かがインターネットの「チャット」や「伝言板」に、人の悪口や汚い言葉を書くと、アッと言う間にそれが広がってしまいます。「うんこ〜」とか、「ゲロゲロ」などという言葉が並びます。こういう言葉を見て、あなたはどう感じますか。

インターネットはとても便利な道具です。その道具が汚い言葉で汚されるような気持ちがしないでしょうか。

腐った食べ物とか、汚いものにはたくさんのハエがむらがっていますよね。汚い言葉にも、たくさんのハエがむらがるのです。

「チャット」に汚い言葉が並んでいたら、ハエがむらがっていると思ってすぐに「退室」してしまいましょう。こんなところにいると、汚い言葉がキミの心まで汚染《おせん》します。

11 「弱いものいじめ」になることは、冗談でも話題にしてはいけない

どんなときでも、弱いものいじめはやめましょう。弱いものいじめは同じ人間として、恥ずかしいことなのです。

だから弱いものいじめをしている人を見かけたら、やめさせましょう。直接言うのが怖かったら、家族の人か先生に言いましょう。これは「告げ口」ではありません。早くやめさせないと、いじめはどんどんひどくなり、とんでもない事件を引き起こすこともあるのです。このときになってもっと早く言えばよかったと思っても手遅れです。

顔の見えないインターネットはいじめの道具になりやすいのです。だから、軽い冗談でも弱いものいじめをするようなことを書いてはいけません。最初は軽い冗談のつもりでも、だんだんとほんとうのいじめになっていく。現実にそれが起きているのです。

12 昔の人は「因果応報」と言いました。人に言った悪口はいつか自分のところに返ってきます

メールで悪口を書かれたと怒っている人がいます。Aクンです。頭に来たAクンは悪口メールを書いたBクンに「なんで悪口を書くんだ」と返事を書きます。Bクンからまた返事が来ました。「この前、CクンにボクのBクンの悪口を言ったからだ」。

人間というのは不思議なもので、自分が言った悪口はすぐ忘れてしまいます。でも、人から言われた悪口はなかなか忘れません。だからときどき、自分が言った悪口を忘れ、誰かに悪口を言われたと怒るようなことが起こるのです。

昔の人は「因果応報《いんがおうほう》」と言いました。いいこと(いい作用でしたね)をすればいいこと(いい反作用)が返ってくるし、悪いことをすれば、その報い(悪い反作用)を受けるということです。

悪口はいつか自分のところに返ってきます。

13 相手の前で言えない悪口を、メールに書いてはいけません

相手の目の前で「バカ、死ね」などと言ったら、つかみ合いの大ゲンカになってしまいますよね。

ケンカをして、叩《たた》かれたり蹴《け》られたりすると痛いので、目の前に相手がいるときはそんなにひどい言葉を使わないはずです。

ところが、メールやチャットだと、汚い言葉やひどい言葉を使って平気で相手をののしってしまいます。どんな言葉を使っても、痛い目にあわないとわかっているからです。

確かにこれなら、体は痛くないし、ケガもしません。

でも、ひどい言葉でののしられると、心が傷つくのです。心も体と同じように傷つくのです。そして体の傷は治りやすいけれど、心の傷は治りにくいのです。

14 メールで言い合って、カッカと熱くなったら「少し冷却期間をおこう」――これは大人の提案だ

メールでケンカをしないようにしようと思っても、ついついケンカになってしまうことがあるかもしれません。世の中のことは、頭の中で考えるようにうまくはいかないものなのです。

大人だって、ときにはカッカと熱くなってケンカをします。子どもと同じです。でも、そこから先が少し違います。

大人はおたがいにカッカとすると、どちらかが「少し冷却期間《れいきゃくきかん》をおいてまた話し合おう」と提案します。「冷却」とは、熱いものを冷ますことです。おたがいにカッカと熱くなっているから、少し冷静になる時間をもってまた話そうということです。

これが大人の知恵《ちえ》。カッカしてきたら「少し冷却期間をおこう」と提案してみよう。

15 「不幸のメール」は次に回してはいけない。無視して「削除」するのが正しいマナーです

残念なことですがインターネットを使っている人が、みんないい人だとはかぎりません。なかには、自分の思い通りにいろいろな人を動かして、いたずらや悪だくみの仲間に引き入れようとしている人もいます。

「不幸のメール」も、きっとそんな人が最初に始めたのだと思います。何人もの人に、勝手にメールを送りつけ、そのメールを別の人に送らないと不幸になるというのです。

もしもキミのところにこんなメールが来たら、どうしますか？「これは心の汚い人が、人を思い通りにあやつろうとしているのだな」と思ってください。こんなメールは、軽く無視して「削除」してしまいましょう。もちろん、「削除」しても不幸などは絶対に起こりません。そこは信じてもらいたいと思います。

16 友だちから来たメールを、友だちの許しもなくナイショで他の人に公開してはいけません

インターネットのメール機能を使うと、たくさんの友だちに一度に同じ内容のメールを送ることができます。また、自分に来たメールを必要に応じて別の人に送ることもできます。

でも、こうした便利な機能を使いこなすには、やっていいこととといけないことがわかるマナーが必要です。

たとえばキミが親友にメールで、自分の秘密を打ち明けたとしましょう。ところが、それが転送されていろいろな人に知られてしまったらどうでしょう。悲しくなってしまいますよね。「自分がされてイヤなことは人にもしない！」のがマナーの基本です。

だから、友だちから来たメールは友だちに断りなく公開してはいけないのです。

17 インターネットは大勢の人が見るので、不確かな情報は伝えないようにする

インターネットは大勢の人が利用しているので、ウソを書いてはいけません。これはマナーではなくて約束ごと、つまりルールです。

では、人から聞いた話や、前にどこかで見たり聞いたりしたようなことはどうでしょう。自分では正しいと思っているのですが、もしかしたら間違っているかもしれないというような情報です。

確かめようがなくて、自信がない情報は人には伝えないようにしましょう。それがマナーです。

どうしても伝えたいときは、はっきりと、

「友だちから聞いた話だけれど」

「もしかしたら間違っているかもしれないけれど」

と書き添えましょう。

18 ホームページは小さな「放送局」と考えると、書いてはいけないことがわかる

もしもテレビで、「人から聞いた話ですが、明日、日本各地で暴動《ぼうどう》が起きると言われています」などというニュースが放送されたらどうなるでしょう。みんなパニックになって、テレビ局に「ほんとうのことですか」と問い合わせますよね。「いい加減なニュースを流すな」という抗議の電話も殺到《さっとう》するでしょう。

もちろんテレビ局はこんなニュースは流しません。いい加減な情報を伝えると、信頼を失ってしまうからです。

インターネットのホームページも、世界中の大勢の人を相手にしています。小さいとはいえ、情報を発信するという点では放送局と同じです。

だからホームページを訪ねてくれる人との信頼関係が何より大切になるのです。

19
インターネットは顔が見えない。キミが話しているのはじつは「悪い人」かもしれません

　ここからは少し、楽しくインターネットを使うために注意しなければならないことを書いていきます。〝インターネットの危険性〟のことです。

　いくら自分がマナーを守っていても、相手の人はマナーなんて関係ないと思っているかもしれません。現代では、知らない人をうかつに信用してはいけないのです。

　インターネットは相手の顔が見えません。だからキミが同じ歳《とし》の人と話をしていると思っていても、もしかしたらまったく歳の離れた悪い人なのかもしれないのです。女性だと思っていたら男の人だったということもよく起こります。インターネットを悪いことに利用しようと思っている人は、ずるいことや、汚いことを平気でします。こういう悪い人から身を守るためには、知らない人を信用しすぎないことが何より大切なのです。

20 知らない人に「自分の個人情報」を教えてはいけません。ケータイも同じです

インターネットやケータイは、誰がどこで使っているのかわかりません。相手にわかっているのは、パソコンのメールアドレスやケータイの電話番号だけです。

だから悪い人は、もっとキミの情報を知ろうとします。一番知りたがるのは、キミがどこに住んでいるかです。悪い人は、キミが北海道でメールを書いているのか、沖縄からケータイ電話をしているのかわからないのです。

家の電話は、局番からおよその住所がわかるので、家の電話番号を知りたがるかもしれません。でも、住所や家の電話番号などは、メールやケータイで相手と話をするときはまったく必要のない情報です。こんな情報は知らない人に教えてはいけません。不用意に住所を教えると、相手はキミやキミの家族に襲いかかってくるかもしれません。

コンニチハ…。
相手が良い人だとは
かぎらない。

21 知らない人に家族の情報を教えてはいけない。相手が泥棒なら、「明日から家族は留守です」と教えることになる

インターネットを使って悪いことをしようとする人たちは、どんな小さな情報からでも悪だくみを考えます。

たとえばホームページに、

「明日から一週間、家族で海外旅行に行きます」

などと書くのは、泥棒に家を留守にしますと教えるようなものです。

こんなにハッキリしたものでなくても、「お父さんは単身赴任《たんしんふにん》をしています」と書けば、家にはお母さんと子どもしかいないとわかります。知らない人には家族のことを教えてはいけません。

たとえ相手が悪い人でなくても、それほど親しくないのに家族のことを聞こうとするのはマナー違反です。マナー違反の人に親切に答える必要はありません。

22 だまされたくなければ、悪い人ほど「親切そうなことを言う」と思っていた方がいい

困っている人を見かけたら親切にしてあげたくなります。こういうやさしい気持ちはとても大切なものです。わたしたちも、誰かに親切にされたらとてもうれしいですね。

でも、世の中にはこういう気持ちを利用して近づこうとする悪い人がいるから油断できません。たとえば「チャット」に悩みなどを書き込むと、親切に励ましてくれる人がいます。話を聞いて、相談に乗ってくれるかもしれません。

こんなときはきちんとお礼を言いましょう。でもその人が「住所を教えて」とか、「今度会おう」と言ってきたら断りましょう。悪い人ではないかもしれませんが、マナー違反をしています。こういうマナー違反をする人は、もっと大きなマナー違反をするかもしれません。チャットの友だちは、チャットの友だちだけにとどめておきましょう。

23 信用できる人かどうかわからないときは家族に相談しよう。大人は人生経験が長いのでそれがわかります

「人を見たら泥棒と思え」というのはとても悲しいことです。

でも、インターネット社会には大勢の悪い人が紛《まぎ》れ込んでいます。いつも悪いことを考えている人がいるのです。それを忘れないでください。

しかし、インターネットを通じて知り合った顔も知らない人をどうやって見分けるのでしょうか。一番安心なのは、家族に相談することです。

大人の人はいろいろな経験をしています。口では言わないけれど、失敗したり、イヤな思いもたくさんしているはずです。そして、何よりキミのことを一番大切に思ってくれています。

だから、一番信用していいのは家族です。見知らぬ相手を言葉だけで信用してしまうのは危険です。よくわからないときは、一番信用できる家族に相談しましょう。

24 メールに書いてあることがほんとうかどうかはわかりません。そのまま信用してはいけない

インターネットにはときどき、プレゼント付きのアンケートが掲載《けいさい》されています。またケータイのメールにも同じようなアンケートが送られてくることがあります。

会社の名前が書いてあって、ちょっとすてきなプレゼントがもらえるようなことが書いてあると、ついつい簡単なアンケートに答えたくなります。

でもちょっと待ってください。プレゼントを送ってもらうには、相手にあなたの家の住所や電話番号を教えなくてはなりません。それは悪い人がやっているウソの会社かもしれません。こんなときは、アンケートに答える前に、家の人に相談しましょう。

たとえ相手が誰でも、名前を知っている有名な会社であっても、家の人にそれを見せて相談してから応募しましょう。それが一番安全な方法です。

25
「迷惑メール」は読まずに「削除」してしまおう。遊び半分に答えると、悪い人のワナにはまってしまう

電話番号だけで送れるケータイのメールには、よく「出会い系サイト」などから「迷惑メール」が送られてきます。相手はデタラメの電話番号を打ち込んで全国に発信して、誰かに届けばいいと思っているのです。だから相手にはキミがいったいどこの誰かもわからないのです。それどころか、届いたか届かないかすら相手にはわからないのです。

こんな迷惑メールは読まずに「削除《さくじょ》」して忘れてしまうのが一番です。うっかり「返信」してしまうと、相手には初めてメールが誰かに届いたとわかります。相手にとってキミはようやくひっかかった獲物です。脅《おど》しておカネを巻き上げようとするかもしれません。でも相手が知っているのはケータイの電話番号だけなのです。

あわてずに家族に相談して、場合によっては警察にも届け出ましょう。

26
大切な話や悩みごとは、直接話す方がいい。メールはいろいろな人の目にふれる

パソコンやケータイのメールは顔を見ずに書けるので、悩みごとを書く人も多いようです。でも注意してください。メールは相手の人だけでなく、誰でも見ることができるのです。相手の人が他の人に見せようと思わなくても、誰かが盗み見するかもしれません。もちろんこれはマナー違反。やっていいことではありません。でも、その気になれば簡単に見られてしまうのが、メールなのです。メールは葉書と同じようなものと考えておいた方がいいかもしれません。

人の葉書を読むのもマナー違反ですが、書く方も封書《ふうしょ》よりは他の人の目にふれやすいと知って書いているはずです。

だから、友だちだけに聞いてもらいたい悩みごとは直接会って話す方がいいでしょう。それに、直接会って話し合う方がメールよりははるかに心は通じ合うはずです。

27 悪口を言って気持ちがいいのは一瞬だけ。あとはずっと後悔します。ときにはグッと我慢をしてみよう

何度も繰り返しますが、「自分がされてイヤなことは人にもしない！」のがマナーの基本です。だから悪口を言われても言い返さない方がいい。グッと我慢するのです。

悪口を言った人は、せいせいしたという顔をするかもしれません。それでもグッと我慢です。なぜかと言えば、悪口を言って気持ちがいいのは、言ったあとの一瞬だけなのです。少し時間がたつと、自分がとてもイヤな人間のように思えてきます。そして「なんであんなひどいことを言ったのだろう」と後悔します。でも、一度言った言葉は「削除」することはできません。

一方、言いたい悪口をグッと我慢するのも一瞬です。そのときは悔しくても、そのあとは悪口を言わなかったという爽快感《そうかいかん》が残ります。こっちの方がいいでしょう？

28 親しいメール友だちだからこそ、マナーを守ってつき合おう

何でも話し合えるメール友だちがいることはすばらしいことです。でも、何でも気軽に言い合えるからこそ、マナーを忘れがちになるということにも注意してください。

それほど親しくない人なら、気を使って自分が言われたくないことは言わないでしょうし、されたくないことはしないでしょう。でも、親しくなると冗談のつもりで、言われたくないことを言ったり、されたくないことをしてしまいがちです。それが気を許すということなのですが、度を越すとケンカになってしまいます。

昔の人は「親しき仲にも礼儀あり」と言いました。礼儀とはマナーのことです。何でも話し合えるようなメール友だちだからこそ、大切にしなければならないマナーがあるということを忘れないようにしましょう。

29 インターネットのつき合いで失敗してもいい。失敗を恐れずに。そこから学ぶことが大切なのです

インターネットやケータイのメールを通じて親しくなる人もたくさんいることでしょう。こうした道具を使えば、遠く離れた所に住んでいる人と友だちになることもできます。

でも、せっかく仲よくなれたとしても、ずっと友だちのままいられるかどうかはわかりません。一所懸命メールを書いても返事が来なくなることもあります。こんなときは、何か気にさわるようなことを言わなかったかどうか思い出してみましょう。もしかしたら、ふざけたつもりで相手の心を傷つけてしまったかもしれません。思い当たることがあったら、ちゃんと謝ることです。

それでも心が離れてしまったら、それは仕方ないことなのです。失敗は誰にでもあります。いつまでもくよくよ後悔するより、同じ失敗を繰り返さないことが大切です。

30 マナーを守って使いこなせば、キミもインターネットの「達人」になれる

パソコンやインターネットのことをよく勉強していて、何でも知っている人がいます。

何でも知っているから、知らない人にもっと便利な使い方を教えてあげたくなります。これはいいことですね。

でも、教え方は大切です。「そんなことも知らないの、バカみたい」などと、相手を見下すような言い方をしてはいけません。自慢をしたくなる気持ちはわかりますが、人に教えるにもマナーがあります。

いばって人に教えると、せっかく教えてあげたのに相手から感謝されません。むしろ、イヤなヤツだと思われてしまいます。これは損です。だから教えるときには、マナーを守ってていねいに教えてあげること。そうすればインターネットの「達人」になれますよ。

第2章

メールを「書く」マナー

31 インターネット上で気持ちはうまく伝わらない。だからマナーを守り、うまく伝える工夫をしよう

まず最初に覚えておかなくてはならないことを書きます。それは、インターネットでも気持ちはうまく伝わらないということです。

話したり、書いたりすれば相手はわかってくれると思い込むのは間違いです。よく、「なんでみんな自分のことをわかってくれないのだろう」と悩んでいる人がいます。この人は、放っておいても「気持ちはうまく伝わる」と思い込んでいるのです。そうではなくてほんとうは、「なかなかわかってもらえない」のが当たり前なのです。

だから、自分の気持ちがわかってもらえなくても、くよくよ悩むことはありません。気持ちをうまく伝える工夫をするのです。それでも気持ちはなかなか伝わらないものです。大切なのはマナーを守って上手に自分の気持ちを伝える努力を続けることなのです。

32
メールは話し言葉のようには伝わらない。メールで気持ちを表すには、書き方のルールを守ること

メールはストレートな気持ちを表すより、「事実」を表す方が得意です。好きな人に告白するときのことを想像してみてください。恥ずかしいからといって、メールで「好きです。つき合ってください」と書いても、気持ちは直接話すときほどうまく伝わりません。メールでは、表情や声の調子が伝わらないからです。

でももしキミが好きな人から、「昨日あなたの夢を見たよ」というようなメールをもらったらどうでしょう。好きな人が自分の夢を見てくれたという「事実」からいろいろなことを想像して、うれしくなるのではないでしょうか。

このように自分の気持ちを伝えるにしても、直接話すこととメール（文字）とでは伝わり方が違うのだということに気づきましょう。そして「事実」を書くようにしましょう。

33 メールに複雑な感情を込めることはできません。冗談のつもりが悪口になってしまうことが多い

女の子は体重を気にします。だから女の子同士は笑いながら「太ったんじゃない?」というような冗談を言い合っています。会話なら、何でもないこと。キャッと笑って終わりです。

でも、これがメールならどうでしょう。

相手の表情が見えないし、声の調子もわかりません。書かれて、すなおには返事を書けず、「なんでそんなこと聞くの?」とか「太ってないよ」とケンカ腰のメールになってしまいます。

メールは便利なので、つい話すことと同じような感じで何でも書いてしまいがちです。でもメールの基本は文字です。しかもその文字に複雑な感情を込めることはできません。メールで書いてもうまく伝わらない話題があるのです。

悪口に聞こえそうな話題を避けるのがメールのマナーと心得ましょう。

34 相手の顔を思い浮かべてメールを書くと、自然に心のこもった内容になる

なかなか伝わらない気持ちをうまく伝えるには、心を込めて書いてみましょう。心を込めるというのは大切なマナーの一つです。

心を込めると相手の気持ちが見えてきます。相手の気持ちが見えたら、からかったり、つまらない冗談は簡単に書けなくなります。このように、相手を思いやる気持ちが、大切なマナーなのです。

では、どうやったら心のこもったメールが書けるのでしょうか。友だちにメールを書くとき、まず最初に友だちの顔を思い浮かべてみるといいかもしれません。

友だちの顔を思い浮かべながらていねいにメールを書くと、自然に心がこもったものになります。こうしてようやく、少しずつ自分の気持ちが伝わるようになるのです。

35 初めての人にメールを書くときは自己紹介をするのがマナー。でも住所・電話番号・パスワードは書かない

メールで初めての人にメールを書くときには、簡単な自己紹介をするのがマナーです。ホームページに書き込みをするときでも、相手の人はキミがどんな人かまったく知りません。

だから、たとえば「こんにちは、東京に住むスポーツ好きの中学一年の男子です」というように、簡単に自分のことを紹介しましょう。

親しい友だちになったら、「チース!」というようなくだけた挨拶でもいいのでしょうが、知らない人にはていねいな挨拶をするのがマナーです。

メールの場合は自分のほんとうの名前を書かなくてもマナー違反にはなりません。

おたがいの住所や電話番号、パスワードは聞かない、書かないのがルールだからです。

36 メールの「タイトル」はわかりやすく。「こんにちは」だけでは誰からのメールかわかりません

メールはタイトルをつける欄《らん》があります。タイトルは必ずつけましょう。これがメールと手紙の大きな違いです。

タイトルには、メールで書きたい内容を短い言葉で書きます。友だちに謝るメールなら「この前はごめんね」というようなものでいいでしょう。

「こんにちは」とか「元気？」というタイトルでは、誰が何を書いているのかわかりません。わかりやすく書くというのがマナーです。

なぜかというと、一日に何十通ものメールを受け取る人がいるのです。こういう人には、あまり簡単なタイトルではメールを開いてもらえない可能性さえあります。

メールを書き終えた後、タイトルと合っているかどうか確認して出すようにしましょう。

37 返事を書く前にもう一度相手のメールをよく読んで。おたがいに「わかり合う」第一歩です

相手の話をよく聞くというのはマナーの基本です。そしてこれはメールのやりとりでもとても大切なことで、相手のメールをよく読まなければ、自分の言いたいことも相手にはうまく伝わりません。

自分の気持ちを上手に伝えるためには、まず相手のメールをよく読んで、相手の気持ちを知ることが大切なのです。

何回も書きますが、自分の気持ちはなかなかうまく相手に伝わりません。だから、何度も何度も話し合うのです。

伝える、聞く。伝える、聞く。

この繰り返しの中で少しずつ相手の気持ちがわかり、自分の気持ちもわかってもらえるようになります。

コミュニケーションとは、おたがいに「わかり合う」ということなのです。

38 キミの「何気ない一言」が人を傷つけることがある。知らずに傷つけたときはすぐに謝ろう

悪口を書いた覚えはないのに、知らずに相手を傷つけてしまうことがあります。

Aさんは Bさん宛《あて》のメールの中で、「泳げない人ってカッコ悪いよね」と書いてしまいました。Aさんは知らなかったのですが、Bさんは泳げなかったのです。どんな一言が相手を傷つけてしまうかはわかりません。だから、知らずに相手を傷つけてしまうのは仕方ないことなのです。

大切なのは、うっかり相手を傷つけてしまったということがわかったときです。もしもあなたがAさんなら、「知らなかったから仕方ないじゃない」とすませてしまいますか？　それとも、「知らずにひどいことを言ってごめんなさい」と謝りますか？

これは、謝った方がいいでしょう。知った以上は謝るのがマナーです。

39 言葉は生き物。タイミングよく使えると、短い一言でも相手の心にスッと届きます

間違ったことをしたら謝る、親切にしてもらったらお礼を言うというのは、相手に不快な思いをさせない大切なマナーです。

では上手に謝ったり、お礼を言ったりするにはどうしたらいいのでしょう。ちょっとしたポイントがあります。それは、「タイミングを逃さない」ということです。

気がついたらすぐ謝りのメールを書く、親切にしてもらったらすぐお礼のメールを出すということです。早ければ早いほど気持ちは伝わります。

友だちとケンカをしたまま別れてしまったときは、帰り道でケータイメールを書きましょう。内容は、「さっきはごめん。反省しています」という短いものでもいいのです。言葉は短くても、タイミングさえよければ十分に相手の心に届くはずです。

悪気は無いのに…
ヒドイ！
グサッ！

40 ケータイのメールは内容を短くまとめて書くと、相手の心に伝わりやすくなる

画面が小さいケータイのメールは、内容を短くまとめて書くのがポイントです。だらだらと長いメールは、読む方が大変で、最後の方になると前に書いたことがわからなくなってしまいます。

だからケータイメールは、書くタイミングを大切にするように心がけるといいかもしれません。うれしいと思ったらそのときに、今の気持ちを短く書いて送るのです。書きたいことはいっぱいあるかもしれませんが、書く内容は、一つか二つに絞りましょう。

短く内容を絞り込むというのは、意外に難しい作業です。でも、短いメールを上手に書けるようになれば、読みやすい長いメールも書けるようになります。だらだらとした長いメールではうまく心は伝わりません。短い方が伝わるのです。

41 メールに人の失敗を書いて笑い合ってはいけません。笑わせたいなら「自分の失敗」を書くこと

困ったことに、人の失敗や悪口というのはなかなかおもしろく、ついつい書きたくなってしまいます。

とくに仲のいい友だち同士だと安心して、人が失敗した話を書きたくなるものです。二人だけの秘密の話で、こんな話をするとよけい仲よくなれたように思うのです。

でもこれはマナー違反。それに、人の失敗話や悪口を書いたメールをコソコソ見るのは、あまりかっこうのいいものではありません。

ただ一つ、書いて人に見せてもいい失敗話があります。それは自分の失敗話です。自分のことならいくらおもしろおかしく書いても、誰からも文句は言われません。それに相手に「ドジ」と笑われても、うまく笑わせたとうれしくなるのではありませんか。

42 手紙を書くときは、間違った字を使っていないか確かめるのがマナー。メールも同じです

ペンでラブレターを書いていた昔の人が、「恋人」と書くところを間違えて「変人」と書いてしまったという有名な話があります。パソコンやケータイを使って書くメールでは、こんな間違いはありません。

その代わり、メールには「変換ミス」があります。

無理をして難しい漢字を使おうとしたり、急いで書いたりすると変換ミスをしてしまいます。

「キミのメール、わけのわからない感じがあって読めない」というメールが来て、ケンカになってしまった人がいます。「感じ」ではなくて「漢字」と書きたかったのに変換ミスをしてしまったのです。笑い話のようですが、これも厳密に言えばマナー違反。間違った字のままメールを送るのは相手に対して失礼です。

43 怒って書いたメールや手紙は一晩おいて読み返してみると、ぜんぜん違って見えてくるもの

　ケンカをして頭に血が上ると、相手に思い切り文句を言いたくなります。こんなときは我慢をせずにはき出してしまった方がいいでしょう。その方が気分がすっきりとします。

　一番いい方法は、相手に手紙かメールを書くことです。遠慮をせずに、思っていることを全部書きましょう。それが相手に対する悪口でもかまいません。どんどんと書いてしまいます。書き終えると、すっきりとするはずです。

　ただし、ここが重要ですが、その手紙やメールはまだ出してはいけません。必ず、最低でも一日は出すのを待ちましょう。

　そして翌日の明るい時間に読み返してみます。なんでこんなひどいメールを書いたのだろうと思うはずです。これが大事なのです。そう思ったら出さずに捨ててしまいましょう。

44 一度出したメールは取り戻せない。送る前に相手の気持ちになって読み直そう

便せんにペンで手紙を書いて、封筒に入れてポストに出すまでは少し時間がかかります。だから出そうか出すまいか迷っても、ポストに入れるまでは考える時間があります。

ところがメールは書き終えて、「送信」キーを押せばアッと言う間に送られてしまいます。「少し言い過ぎたかな」と、考える時間がないのです。便利ではありますが、反面で怖いことでもあります。

一度「送信」キーを押してしまうと、「しまった」と思ってももう取り返しがつきません。

だから、ふだんから書いたメールは一度は相手の立場になって読み返してみるようにしておきましょう。

ほんのちょっと考える時間、そのゆとりが大事なのです。

45
キミは家族に友だちのメールを見せられますか。家族に見せられるオープンなメールづき合いを

キミは家族に友だちから来たメールを見せられますか。

できれば、「こんなことをメールしているんだ」と見せられるような、オープンなつき合いをしたいものです。

なぜかというと、キミは家族に守られて生活しているからです。経済的にも守られているし、安全の面でも守られています。もう一つこれは大切なことですが、「責任」ということでも、家族から守られているのです。

第3章で書きますが、未成年者が悪いことをすれば、責任を取るのは家族なのです。

家族が知らないような秘密を抱えていたら、家族はキミを守れませんよね。だから、なるべくオープンにしておいた方がいいのです。その方が安心できますよ。

第3章

「人を殺す」って
どういうこと？

46 自分を大切にするのがマナーの基本。「人を殺さないこと」は自分を大切にすることだ

なぜ人を殺してはいけないのでしょうか。

もしも人を殺すと相手の人生はそこで断ち切られてしまいます。それと同時に殺した側の人の人生もそこで断ち切られます。

人を殺すと自分の人生もそこで終わるのです。だから、自分を大切にしたければ人を殺してはいけません。

よく、「キレる」と言います。キレてしまうときは相手のことを考えていません。

それだけでなく自分のことも考えていないのです。

相手のことだけでなく、自分のことも大切に考えられない。

それがキレるという状態です。自分のことを大切に考えられるのは、自分しかいないのです。

47 自分のことを大切に思うと、相手のことも大切に考えられるようになる。相手も自分のことが大切なのです

人の痛みがわかるというのは、とても大切なマナーです。

ではどうすれば人の痛みがわかるようになるのでしょう。自分のことを考えずに、相手のことだけを大切に考えればいいのでしょうか。これを実行するのは難しそうです。

どうすればいいかというと、今よりもっと自分のことを大切に考えるようにすればいいのです。この世にたった一つしかないキミの命を大切にできるのはキミしかいません。だから、自分の命は大切。そして、もしもそう思えたら次にこう考えてみてください。

「他の人もみんな、自分と同じように、この世にたった一つしかない自分の命を大切に考えているのだ」

こう考えれば、人の痛みも自分と同じに考えられるのではないでしょうか。

48 殺したいと思う気持ちと、「ほんとうに殺すこと」はぜんぜん違う。キレずに考えることが何より大切

嫌いな人がいるのは仕方のないことです。仲よくしている友だちでも、ケンカをしたときは顔も見たくないと思うでしょう。激しいケンカをした後は、「死んでしまえばいい」と思うことがあるかもしれません。嫌いな人に悪口を言われると「殺してやろうか」と思うかもしれません。

わたしたちの心は自由に動きます。心の中で思うことは誰も止められません。だからこんなときは、そこで考えを止めず、ずっと先まで考えてみてください。

「嫌いだけど、死んでしまったらお父さんやお母さんが悲しむだろうな」とか、「もしもキレて殺してしまったら、自分や家族はどうなるのだろう」と考えてみましょう。わたしたちはどんなときでも考えることができます。キレずに考え続けてみることです。

49 「人を殺して幸せになった人は一人もいない」この言葉をいつも頭の片隅においておこう

もしも人を殺してしまうとどうなるのか、ここからは具体的な話を書いていきます。

最近起きている小中学生の不幸な事件を見ると、後先を考えずにキレてやってしまったということが多いからです。キレて手を出してしまうのは一瞬です。でも、その後には「つらく苦しくひたすら長いだけの一生」が待ち受けています。謝ろうにも相手はもうどこにもいないのです。

人を殺して幸せになった人は一人もいません。まずこのことを忘れないでください。殺された人の悔しさをずっと引きずって生きていくのです。

キミはそんな道を歩きたいと思いますか？　イヤにきまっていますよね。それなら、これから書くことを、キレずに考え続けるための材料にしてみてください。

50 人を殺すとお詫びのおカネを払い続けなくてはならない。奪った「命の代償」はそれでも払いきれない

大人の人が人を殺すと罰を受けます。法律では「人を殺した者は、死刑又は無《む》期若《きも》しくは五年以上の懲役《ちょうえき》に処する」（刑法第一九九条）と決められています。法律とは社会のルールです。ルールに違反すれば罰を受けなければなりません。でも未成年の人は死刑になることはありません。刑務所に入って罰を受けることもありません。

その代わり、もしかしたらキミのお父さんやお母さんがキミに代わって罰を受けなくてはならなくなるかもしれません。その他に、殺された子どもの親は殺した側の人の家族に、裁判を通じてお詫《わ》びのおカネを払うよう要求してきます。

それは一生働いても払いきれない金額になります。一生をかけて、払っても払っても感謝されることのない、償《つぐな》いのおカネを払い続けるのです。

51 人を殺すと友だちはいなくなる。人殺しが許される理由は一つもない

前のページに書いた法律の言葉をもう一度読んでみてください。何か気づくことはないでしょうか。

法律にはただ「人を殺した者は」とだけ書いてあります。つまり理由は関係ないのです。

たとえ殺された人がどんな悪人でも、殺した人が許されるということはありません。人殺しが許される理由は一つもないのです。

命はたったひとつしかありません。たったひとつしかない大切な命を奪ってしまうから、人殺しは許されないのです。

許されないことをするわけですから、誰からもわかってはもらえません。

昨日まで仲よくしていた友だちも、みんな離れていってしまうかもしれません。

52 人を殺すと世の中から逃げ隠れしなければならない。罪を背負って生きるとはどういうことか

未成年の人が人を殺したり、おカネを奪うなどの悪いことをすると、「更生《こうせい》施設《しせつ》」というところに入って、自分のしたことを反省しなければなりません。十分に反省ができたと認められれば施設を出て、自分の家に帰れます。では、その翌日から昔と同じように暮らせるでしょうか。

世の中は、やさしい人ばかりがいるわけではありません。「あの子は人殺しだ」と言いふらす人がいるかもしれません。こういう悪いうわさは、アッと言う間に広がります。こんなうわさが広まっている町では住みづらいでしょう。両親も針のムシロに座っている苦しみを味わわなければなりません。

十分に反省しているとしても、逃げ隠れするようにして暮らす。これが罪を背負って生きるということです。

53 人を殺すと夜グッスリ眠れなくなる。なぜなら「良心」が夜ごとに目覚めて、自分を責めるから

誰も自分の中に「よい心」をもっています。

人を殺してしまった人でも「よい心」は失われないようです。

その証拠に、人殺しのような悪いことをすると、夜グッスリと眠れなくなるといいます。

眠ると、「よい心」が目覚めて「なんであんな悪いことをしたのだ」と自分を責めるのです。こわい夢になって表れたり、死んだ人の顔になって表れるそうです。

死んだ人はもう話すことはできません。だから、人を殺してしまった人の「よい心」が、自分自身を責めるのでしょう。

みんなが今日一日の楽しかったことを思い出しながらグッスリと眠っているとき、「なんで人を殺したのだ」と責め続けられる。これはつらいことです。

54 自分の中の「よい心」を大切にしよう。悪いことをすると「よい心」は恥ずかしくなって隠れてしまう

人を好きになると、その人のために何かをしてあげたくなります。これは「よい心」が働いているのです。知らない人でも、わざと怒らせるようなことはしないように気をつけます。これも「よい心」が、そうさせているのです。「よい心」が働いて人のために何かをしてあげたり、あるいはイヤがることをしなかったりすることが「マナー」なのです。マナーとは「よい心」が働くことです。

人を殺したり傷つけたりすると、「よい心」は恥ずかしくなって心の奥の方に隠れてしまいます。そこで、平気でマナー違反を犯すようになるのです。でも「よい心」は死んでしまうわけではありません。心の奥の方で、自分を責め続けます。だから、「よい心」の声を聞くということが自分を大切にすることになるのです。

「よい心」が毎夜
自分を責める……。
……。

55 「殺してしまいたい」と思ったときはどうすればいいのか。その気持ちを正直に家族に話してみよう

友だちからイヤなことを言われたり、されたりしたとき、「あの人を殺してしまおうか」と考えてしまうのは、悪いことですが仕方のないことなのです。でも、「殺してしまおうか」などということを一人きりで考えるのは恐ろしすぎます。

自分で自分が怖くなってしまうかもしれません。だからこんなときは家族に話してしまいましょう。

お父さんやお母さんは最初はびっくりするに違いありません。でも、親は子どもが何を考えているかを知りたがっています。だから、心の中では正直に話してくれてうれしいと思っているはずです。

もしも怒られたとしても、「言ってよかった」と思えるはずです。

56 一人きりで考えていると、悪い思いがふくらんでいく。家族に話すことが自分を助けることになる

家族の人に話をすると、たとえ怒られたとしても気持ちはすっきりします。これはなぜなのでしょう。

多分それはキミの中の「よい心」が働いているからです。「殺してやろう」というような恐ろしいことを考えていても、心の隅では「そんなことをしてはいけない」と思っています。

これが「よい心」の働きで、自分で恐ろしい考えを止められないので、誰かに止めてもらいたいと思っているのです。

一人きりで考え続けると、悪い考えがどんどんとふくらんでいくことがあります。

こんなときは、「よい心」が助けを求めていると思って、家族に話してしまいましょう。

57 殺すことを考えると心が重くなります。仲よくすることを考える方が楽しいはず

楽しいことを考えていると心が楽しくなり、知らないうちに笑顔になったりします。反対に、つまらないことや悪いことを考えていると、心は暗くなってしまいます。これが心の自然な動きです。

嫌いな人がいて、その人のことをいじめてやろうとか、傷つけてやろうなどと考えると、すぐに心は暗くなります。

心が暗くなるとつらいので、無理をして楽しく考えようとします。ほんとうは楽しくないのに、自分にウソをついて楽しいふりをして、悪いことを考えているのです。

そんな無理をして悪いことを考えるより、嫌いな人と仲よくすることを考えてみましょう。その方がはるかに楽しいでしょう。どうせ考えるなら楽しい方がいいはずです。

58 殺したいほど嫌いな人なら、つき合いを断てばいい。無理をしてつき合う必要はありません

世の中には、どうしても気が合わない人がいます。これは仕方のないことなのです。誰とでも仲よくすることは大切なことです。でも、どうしても仲よくしてもらえない人や、どうしても仲よくできない人とは、無理をして仲よくしなくてもいいのです。

ただそれは、悪口を言ったり、逆に無視したりすることではありません。そんなことをするのはマナー違反です。挨拶はきちんとするけれど、無理をしていっしょに遊ばないというようなつき合い方でしょうか。こうすれば、嫌いな人のこともあまり気にならなくなるはずです。

いじわるをしたりされたりするくらいなら、離れている方がいいでしょう。それに少し離れたところから見ていると、気づかなかったいいところも見えるようになるものです。

59 ヒーローが活躍するマンガやテレビの世界と、「現実の世界」の一番大きな違いはどこでしょうか?

現実の世界はお話の世界のように、自分の思い通りにはなりません。極端なことを言えば、お話の世界は死んだ人を生き返らせることもできます。でも、現実の世界ではそんなことは起こりません。マンガやドラマを観《み》て、死んでも人は生き返ると考えている小学生がかなりいるそうですが、そんなことは絶対にありえません。

お話の世界では、悪人をやっつけたヒーローは人気者になります。でも、現実の世界では警察に事情を聞かれ、場合によっては相手を傷つけたとして逮捕されます。相手の人からは、ケガの治療にかかったおカネや、お詫びのおカネ(慰謝料《いしゃりょう》)を払うよう求められます。

現実の世界ではすべての人が主人公。だから自分の思い通りにはいかないのです。

60 人を殺して自分の一生をメチャメチャにしてしまうなんて、もったいなさすぎる

キミたちは、なりたいと本気で思えば何にでもなれます。サッカー選手にもなれる。博士にもなれるし、幼稚園の先生にもなれる。宇宙飛行士だって夢じゃない。今はまだ何になりたいか決まっていない人でも、楽しく幸せな人生を過ごせることだけは間違いない。大恋愛をして大失恋をしたとしても、楽しい人生の一部分と言えます。

なぜかと言えば、生きているからです。人を殺すというのは、そういう楽しみをみんな奪ってしまうことなのです。死んでしまったらもう誰かを好きになることはできません。結婚して家族をもつこともできなくなります。そしてそれは、人を殺した人も同じなのです。人を殺した人も生きる楽しみをすべて奪われます。「自分が殺した人」とだけ一生つき合っていく、そんな人生はもったいなさすぎると思いませんか？

第4章

トラブルを
避ける
「心の準備」

61 トラブルは生きた勉強のチャンス。トラブルのない世界はないのだから何かを学ぶつもりで立ち向かおう

誰でもトラブルなんて避けたいと思う。子どもも大人も同じです。その思いが、マナーをつくり、マナーを育ててきました。マナーは、人と人とのトラブルを避けて、気持ちよく暮らすためにあります。

みんながマナーを守っていれば大きなトラブルは起きません。大きなトラブルが起こるのは、ひどいことをやっても、人に見られなければいい、捕まらなければいいと考える人がいるからです。こういう人は、マナーを無視します。レッドカードの人なのです。

でも、マナーを守っていても小さなトラブルは起きてしまいます。マナーに対する考え方が少しずつ違うからです。たくさんの人が暮らす以上トラブルのない世界はありません。だから小さなトラブルは、マナーを学ぶいいチャンスと思って立ち向かいましょう。

62
トラブルには勇気をもって立ち向かう。でも、「ほんとうの勇気」って何だろう

大きなトラブルに巻き込まれたときも、周りの人との間で小さなトラブルが起きたときも、勇気をもって立ち向かわなくてはなりません。

勇気がないと人の言いなりになって、自分の力でトラブルから抜け出せなくなります。それだけでなく、トラブルを大きくしてしまうことさえあります。見て見ぬふりをしていると、「いじめ」などのトラブルはどんどん大きくなってしまいます。

だから勇気がいるのですが、ほんとうの勇気って、いったい何でしょう。自分の勇気は自分で見つけていくしかありません。でも見つけるヒントはあります。

勇気には、少なくとも二つの要素があります。次のページにそのことを書いてみます。

63 「正しいと思うことをやりとげる勇気」「間違ったと気づいたとき謝る勇気」この二つを知ること

勇気は、知っているだけでは役に立ちません。知って行うのがほんものの勇気です。

これから書く二つのことをヒントにして、自分なりの勇気を考えてみてください。

まず第一は、自分を信じて正しいと思うことをやりとげる強い気持ちをもつことです。昔の人は「自らかえりみてなおくんば、千万人《せんまんにん》といえども吾往《われゆ》かん」と言いました。自分でよく考えて正しいと思ったら、たとえ相手が千万人でも立ち向かうという意味です。この強い気持ちがほんものの勇気です。

ただ、わたしたちには間違いがあります。自分では正しいと信じていたことがみんなと話し合ったら間違っていたということもあります。こんなときはすぐに自分の間違いを認めること。これが二つ目の勇気です。

64 ほんとうに許せないと思っても、「今度だけは許してあげる」と言えるやさしい気持ちをもとう

誰でも間違いや失敗をします。キミもするはずです。自分も間違いを犯すのだから、人の間違いも許してあげるというやさしい気持ちが大切です。やさしい気持ちがあれば、トラブルにはなりません。

でも、ほんとうのことを言うと、これがなかなか難しいのです。みんな、自分の間違いや失敗は許してもらいたいと思います。でも、人の間違いはなかなか許せないのです。

小さなトラブルは、これが原因になって起こることが多いのです。

では、どうしたらやさしい気持ちをもって、人の間違いを許せるのでしょう。どんなに許せないと思うことでも、とにかく「一度だけは許してあげると決めてしまうこと」ではないでしょうか。できるかできないか、一度よく考えてみましょう。

65 トラブルに巻き込まれやすい人は、無神経に危ない場所に近づく人。こんな人について行かないこと

いつもトラブルに巻き込まれているような人がいます。ケンカのとばっちりを受けたり、カツアゲされたりするような人は、なぜいつもトラブルに巻き込まれるのでしょうか。

こういう人の行動をよく見ると、危ないと言われる場所に平気で出入りしていることが多いようです。たとえば夜の繁華街《はんかがい》を、何かおもしろいことはないだろうかと歩き回ってトラブルに巻き込まれたりしています。

勇気がある人かというと、そんなことはありません。何かおもしろいことはないかということだけで頭がいっぱいになってしまい、すぐそばにあるいろいろな危険にまで頭がまわらないのです。こういう無神経な人にくっついて行動すると、トラブルに巻き込まれてしまいます。「勇気がある人」と「無神経な人」をきちんと区別してつき合いましょう。

66 危険を感じたら迷わず大声で助けを求めよう。大声をあげるのは恥ずかしいことではない

友だち同士の小さなトラブルは、できれば自分たちの力で解決していく方がいいでしょう。でも、大きなトラブルは別です。

たとえば悪い人に連れ去られそうになったり、脅《おど》されておカネを取られそうになったようなときは、もう自分の力ではどうしようもできません。

これは大きなトラブルです。大きなトラブルから身を守るには、迷わず大きな声を出して、周りの大人に助けてもらうことです。女の子はもちろんですが、男の子も同じです。かっこう悪いなどと考えず、ありったけの大声で助けを求めましょう。

なぜかというと、怖くなって黙って逃げ出しても、周りの人は気づきません。一番にしなくてはならないのは、周りの人に気づいてもらうことなのです。

67

「しなければならない我慢」と「してはいけない我慢」がある。何でも我慢することが正しいわけではない

友だちと仲よくつき合っていくためには、我慢《がまん》が必要です。友だち同士で意見が対立したときは、おたがいに少しずつ譲《ゆず》り合って我慢をし、トラブルを解決しなければならないこともあるでしょう。自分の考えと違っていても、多数決で決まったことには我慢をして従わなければなりません。これらはみんな小さなトラブルです。友だち同士の小さなトラブルは、みんなが少しずつ我慢をする気になれば、解決します。でも、大きなトラブルに巻き込まれたときは我慢をしてはいけません。我慢をしてもトラブルは解決しません。我慢をすればするほどつらくなってしまいます。

家族をはじめ周りにいる人に助けを求めましょう。だいじょうぶ、みんな助けてくれます。

68

何でも人のせいにするとトラブルは大きくなってしまう。責任は押しつけるより分けた方がいい

小さなトラブルが起きると、誰かに責任を押しつけたくなるものです。これは大人も同じです。

たとえば、会社で決めた売り上げ目標に届かなかったようなときは反省の会議が開かれます。こういう会議ではよく、「Aさんが頑張らなかったからいけないんだ」というように誰かに責任を押しつけようとする意見が出されます。名指《なざ》しされた人は負けずに「わたしじゃなくてBさんの責任だ」と言います。Bさんはまた誰かのせいにするということで、まとまりがつかなくなってしまうのです。

誰かに責任を押しつけようとするから、かえってまとまらないのですね。それよりも、少しずつ責任を分けてしまって、またみんなで頑張るようにすればいいのです。

69 家族にはふだんから何でも言えるようにしておこう。トラブルのとき頼りになるのは家族です

どの家も、お父さんやお母さんは口うるさいものです。それはキミを心配しているからなのですが、キミはきっと「いつまでも子どもあつかいしてイヤだ」と思っていることでしょう。

でもこれは仕方ありません。キミがいくつになっても、親から見れば子どもなのです。

キミが大人になってもお母さんは、「ご飯はちゃんと食べた？」というようなことを言うはずです。それが親なのです。

だから〝口うるさいのは親の仕事〟と割り切って、何でも言えるようにしておきましょう。

友だちのこと、学校のことを何でも家族の人に話しておく。それが、大きなトラブルに巻き込まれない、一番の安全策になるはずです。

70 たとえ親友がキミを裏切っても、親がキミを裏切ることはありません

もしかしたらキミは、お父さんやお母さんより、親友の方を信用しているかもしれません。お父さんやお母さんは「自分のことをわかってくれない」と思い込んでいるかもしれません。

そう。もしかしたらお父さんやお母さんはキミの気持ちをわからないかもしれない。でも、まちがいなくキミのことを愛しています。

キミは、お父さんやお母さんのほんとうの気持ちをわかろうとしていますか？

お父さんやお母さんを、自分の命に代えても守ろうと思いますか？

キミのお父さんやお母さんは、たとえキミの気持ちがわからなくても、自分の命に代えても守ろうとします。親友はそこまではしません。親はキミを裏切らないのです。

71 「イヤなこと」をされたり言われたときは、まず、自分に反省点がないかどうか、確かめよう

誰かがキミに「イヤなこと」を言う。あるいはする。こんなときは、相手がなぜそういうことを言ったりしたりするのかを考えてみることが大切です。キミにも反省すべき点があるかもしれない。あるいは相手の方に大きな問題があるかもしれません。

Aさんが B クンにイヤがらせをされたのは、じつは A さんが成績がよかったからです。B クンは成績が悪いことでいつもお母さんに叱《しか》られていました。そこで成績のよい A さんにつらく当たりました。A さんは自分に落ち度がないことを顧《かえり》みた上で先生に相談しました。先生が B クンのお母さんと話をすることで、原因がわかりました。

わかってみれば一安心、A さんは B クンの勉強を手伝うことにしました。これで一件落着。

72 ヒソヒソ話はしないこと。友だちと話していて声が小さくなっていくときは、よからぬ話になっていると注意しよう

人はなんでヒソヒソ話すのでしょうか。人に聞かれては困るからです。人に聞かれて困る話って、必ずよからぬ話です。悪口か悪い事の相談。小中学生の場合は、たいてい人の悪口でしょう。

悪口のおもしろさって何でしょうか。

たとえば、Cさんの悪口を言うとします。話す人は、話題をおもしろくするためにその悪口を大げさにして伝えてしまうものです。そうしないと聞く人の興味を引かないからです。話に尾ひれがつくって言いますね。もっとおもしろくするためにどんどん「創作」して、最初は米粒ほどだった悪口がいつの間にか大きな岩のような大きさになってしまう。それはCさんのほんとうの姿ではないのです。悪口のおもしろさって、言う人が知らず知らずつくり出してしまうものなのです。

小石ほどの話が
いつのまにか…。
悪口
Aさんが…

73 謝るときは、ハッキリ謝ること。キミが謝られたときは、堂々と受け入れてあげよう

悪いことをしてしまったら、謝らなくてはなりません。このとき、謝り方が肝心です。

ハッキリと悪びれず、堂々と謝ることです。姿勢を正しくして、相手の目を見ながら。

ボソボソ下を向いて話したり、言い訳をすれば、「コイツはいい加減に謝っているな」と思われるだけですから、謝ったことになりません。

それからキミが謝られる場合ですが、相手がちゃんと謝ってきたら受け入れることです。すべてが終わったら、ニコッと笑うのもいいし、握手するのでもいいし、あるいは相手の肩をポンと叩くのでもいい。そうやってすべておしまいだというメッセージを相手に伝えることです。これでまた相手とのいい関係が始まります。気まずい感情を後に残さないこと。大切な人間関係のマナーです。

74 相手の意見は最後まで聞こう。意見を言うときは、「次はわたしの意見を聞いてください」と言おう

相手の言うことをちゃんと聞く。簡単なようですがこれがかなりむずかしい。現にテレビの討論会などでも大人たちが、相手の話を最後まで聞かないでワーワーやっていて、いったい何を話し合っているのか聞き取れないことがよくあります。

相手の言うことはちゃんと聞いて、「それで全部ですか？　それではボクの意見を言います」と言えばいいのです。自分の言いたいことだけを言ってあとは知らんぷりでは「自分勝手なことばかり言っている」と非難されます。

アメリカ人は日本人よりずっと自己主張が強い人びとですが、「あなたの意見は十分に聞くに値します。でもちょっとだけ違うようなところもあるボクの意見も聞いてもらえますか？」と言うことが多いそうです。上手な自己主張ですね。

75 なぜ他人の欠点ばかりが見えてしまうのかな？欠点ならキミにもあるのに。理由を考えてみよう

相手の悪いところはすぐに目につきます。理由がいくつかあります。一つは、誰でも欠点の一つや二つもっているからです。そうです、キミにもあります。もう一つの理由は、キミが相手にやさしい気持ちをもっていないからです。キミには大好きな人がいますね。その人の欠点はなかなか見つからない。相手に対してやさしい気持ちをもっているときは欠点が気にならないのです。つまり、人の欠点が見えてしまうときは、その人に対してやさしい気持ちを失っているときなのです。

逆に誰かがキミの欠点を指摘し続けたとします。その人にとってキミはやさしくする存在ではないのかもしれない。悲しいことですね。

人に対してやさしい気持ちを抱くこと。人間同士にとってとても大切なマナーです。

76 「おたがいさま」ってなんてすばらしい言葉なんだろう。友だちの長所はノートに書けば気づくかもしれない

子ども同士で「おたがいさま」という言葉を使うことはあまりないと思います。おじいさんやおばあさんが、よく使う言葉のような気もします。

でも、この言葉はとてもすばらしい言葉なのです。欠点は誰にでもあると言いましたね。その通りです。欠点のない人はいません。キミにもあるし、キミが大好きな女の子(あるいは男の子)にもあります。もし、キミが「自分には欠点などない」と考えているとしたら、多分キミは鼻持ちならないイヤな人でしょう。

「おたがいにもっているのだから、それを認め合って仲よくしましょう」というのが「おたがいさま」の意味。

ところで人のいいところを探すかんたんな方法があります。ノートに書いてみるのです。A君のいいところは何だろう、三つ書いてみようって。

第5章

困ったときは、こうしよう

77 「いじめ」にあったとき、一番いけないのは我慢してしまうこと

「いじめ」にあったときはどうすればいいのでしょう。多くの人は我慢してしまうようです。また、ジッと我慢してしまうようなやさしい性格の人に向かって、いじめが起きるということもあるのでしょう。

でも、「いじめ」は我慢してはいけません。こういう小さなトラブルは、我慢しているうちに大きなトラブルになることがあるからです。自分さえ我慢すればそれでいいのだと考えるのは間違いです。

トラブルが小さいうちに、勇気をもって学校の先生と家族の両方に相談しましょう。

学校の先生に言いづらければ、家族にだけは相談しましょう。お父さんやお母さんはいつでもあなたの最強の味方になってくれるということを忘れないように。

78
「いじめ」をする人は、心が腐りかけていないか心配です。人の悲しみに気づく人こそ、すばらしい人です

いじめをする人ほど、人間としてみっともない人はいません。いじめる人は、人の心の悲しみに気がついていないのです。

わたしたちは一人一人が、たまたま同じ時代に、同じ国に生まれた人間なのです。みんなひとしく生きていることを祝福される権利があります。そして明るく、楽しく、一所懸命に生きる権利があります。

「いじめ」はそれを否定する行為です。オマエもっと暗くなれ、楽しく生きる権利なんか与えないぞと。

殺人と「いじめ」はまったく別の行為ですが、似ている点があります。相手を否定することです。殺人は生きる権利を否定し、「いじめ」は誰もがもっている心の楽しさを否定します。どうか、いじめられる人の悲しみに気づく人間になってください。

79 おカネをたかる「カツアゲ」はりっぱな犯罪。被害にあったらためらわずに家族に相談しよう

ある小学校で、六年生の少女がクラスメイトの少女三人からおカネを巻き上げられる事件が起きました。女子トイレに少女を連れ込んで、「明日おカネを持ってこないと、もう一生口をきいてあげないから」と脅したのだそうです。おカネを巻き上げた少女たちは悪いことをしたという意識がなかったようですが、これは「恐喝《きょうかつ》」という犯罪です。大人がこの罪を犯すと「十年以下の懲役《ちょうえき》」になります。

言葉をごまかして「カツアゲ」などと言ったりしますが、これは「恐喝」という犯罪なのです。そして、犯罪という社会のルールを犯した人に対しては、もう子どもだけではトラブルの解決ができません。というより、トラブルとして解決してはいけないのです。

これはマナーの問題でなく、法律できびしく解決すべき問題なのです。

80 少ない金額でも子ども同士でおカネの貸し借りはいけない。トラブルの元です

仲のいい友だちに「ちょっとおカネを貸して」と言われると、断りづらいものです。でも、貸したおカネを返してくれないと、その友だちを疑うことになってしまいます。

「この人はおカネを借りたことを忘れているのだろうか？　それともいじわるをして返してくれないのだろうか」

こんなふうに友だちを見ているうちに、だんだん仲が悪くなってしまうかもしれません。それにもしかしたら、友だちはおカネをもう返したと思っているかもしれません。少しの金額で、「もう返した」とか、「まだ返してもらっていない」とケンカになるのは悲しいことです。

大切な友だちとトラブルを起こさないため、おカネの貸し借りはしないのがマナーです。

81 ほしいものは自分で買う。たかり行為や盗みはいけません。おカネと正しくつき合える人間になろう

大人なら一所懸命に働いて、おカネを稼《かせ》いで、自分の家族を養う。そういう人が一番エライのです。

エラクない大人とは、一所懸命働かないでおカネをどこからかもらって豪勢な生活を送る人です。政治家や役人がワイロをもらったりすることなどその典型です。

子どもの頃から、おカネとのつき合い方をちゃんと覚えておくことが大切です。一番大切なつき合い方とは、「自分が正しい方法で手に入れたおカネだけで楽しく暮らす」ということ、それだけです。

つまりほしいものは自分のおカネで買うということです。人にたかったり、あるいは金銭を払わないで品物を手に入れる（万引き）、オヤジ狩りといって通行人をバットで殴《なぐ》っておカネを奪うことなどもってのほかです。

82

黙って人のものを使ってはいけない。借りたものは大切にあつかい、すみやかに返すこと

マナーの基本は、「自分がされてイヤなことは人にもしない！」ということでしたね。人がイヤがることとは、自分がされてもイヤなことです。これだけ覚えておけば、キミはいつでもナイスガイ、ナイスレディの仲間入りです。

断りもなく鉛筆や消しゴムを使われたらイヤですよね。しかも使いっぱなしで、そのへんに放り出してあったらもっとイヤですね。

それから断って借りていったとしても、なかなか返してくれないのもイヤなものです。

友だちに貸した本がやっと返ってきました。しかしページを折られ、イタズラ書きまでされていました。ページの間にはお菓子のクズが入っています。絶対にアイツにはもう貸さないと思いますよね。ものの貸し借りにはマナーがあるのです。

83 おごったりおごられたりするとトラブルになることがある。友だちなら半分に分け合おう

友だちとの関係も、おカネがからむとギクシャクしてしまいます。「この前ジュースをおごってあげたから、今度はおごって」「何言っているの、その前に二度もおごったでしょ！」。こんなトラブルはありかっこうのいいものではありません。

でも、こういうトラブルを一つずつ解決して、大人になっていくのです。小さいトラブルは「分け合う」ことで解決することがあります。たとえばジュースをおごったおごられないでトラブルになったら、ジュースを一缶買って、仲よく二人で分けてしまうのです。これなら貸し借りも、おごった、おごられたもありません。

「バス代貸して」と言われたら、「それより二人で歩いて帰ろう」と言うのもいいかもしれません。つらいことも半分に分けてしまうのです。

分け合ったほうが
「おいしい！」

84 誰かがケンカをしているのを見たら、おせっかいでも「まあまあ」と仲裁に入れる人間になろう

キミは誰かがケンカをしているのを見かけたら、「まあまあ」といって仲裁《ちゅうさい》に入ることができますか。

自分には関係のないことなので、放っておいてもいいのです。それがマナー違反になるということではありません。

でも、できれば「まあまあ」と仲裁に入れる人間になってください。

そういう人が、一人増え、二人増え、三人増えしていくと、トラブルそのものが減っていきます。

みんなが暮らしやすくなるのです。

詩人の宮沢賢治《みやざわけんじ》も「雨ニモマケズ」の詩の中で、ケンカや訴訟《そしょう》があれば、つまらないからやめろという人間になりたいと言っています。そういう人間になってほしいのです。

85 みんながやっているからやっていい？ みんなで赤信号を渡るときは、誰もが注意を怠っている一番危ないとき

遊泳禁止の看板が立っている浜で泳いでおぼれかかった子どもがいます。赤信号の道路を渡って車にひかれそうになった子どもがいます。

どちらもみんながやっているからそうしたそうです。じつは周りのみんながやっているときは「注意力」が一番おろそかになっているときなのです。自分一人だけだったら、もっと注意するのに、周りの人がやっているとつい判断を周りの人に任せてしまうからです。人が大丈夫だから自分も大丈夫だろうという甘い判断です。

「禁止」されていること、「禁止」と書かれている場所、そこには必ず目に見えない危険が隠されているものです。ですから、禁止されている行為はやらない。「立ち入り禁止」の場所にはむやみに立ち入らない。ルールやマナーは自分の身を守るためにあるのです。

86 スポーツや勉強ができるくらいで得意にならない。ほんとうにすごい人は、自慢しません

スポーツができる子はかっこういい。いつの時代もヒーローです。でも中にはそれを鼻にかける人もいます。「どうだすごいだろう」と言って。周りのみんなはすごいことを知っています。知っていることを強調したり鼻にかけるのはイヤ味《み》なものです。せっかくの価値が半減してしまいます。どんなスポーツでも上には上がいます。昔、剣術の達人がいました。もっと強くなろう、もっと強くなろうと日々がんばったそうです。そうしてついに悟りの境地《きょうち》に達しました。剣が一番強い人は、剣を抜かない人だとわかったのだそうです。

ちょっとむずかしい話ですが、さらに上があるのなら上をめざすべきで、ちょっとできるぐらいで鼻にかけている場合ではありません。勉強も同じことですね。

87 外国人の前ではキミが「日本人の代表」だ。日本の印象をよくするのがキミの役割

この頃は家族で海外旅行をすることがめずらしくありません。外国に行ったら一人一人が「日本人の代表」という気持ちをもつことが大切です。

もっと大切なことがあります。キミが日本にいて、近くに外国人がいる場合です。

たとえば公園で遊んでいたら外国人が散歩しながらこっちに来ました。こんなときもキミは「日本人の代表」の一人なのです。

タバコを吸ったり、ゴミを芝生に投げ捨てれば、「日本の子どもはなんて不良なんだろう」と彼らは思うはずです。そして帰国後、「日本の子どもはゴミを片づけられない」と周りに言うと思います。「教育がなってないわね、日本人は」。聞く人がこういう感想をもつとしたら悲しいことです。国を愛するということは小さなことの積み重ねなのです。

88

守れば守るほど楽しい生活が待っている。それがルールです

野球やサッカーのおもしろさは、ルールがあって、それを守りながら選手が自由にのびのびとプレーをするところにあります。オフサイドを無視したり、手でボールをあつかえばサッカーになりません。野球で、走者が二塁を飛ばして三塁に走り込んでしまったらゲームがぶち壊しです。

世の中のことにはすべてルールがあります。社会のルールが法律ですね。あるいは公共の場のマナーです。それらを守って、その範囲内で自由な生活を楽しむことが大切です。

ルールが現実とズレている場合は、みんなの話し合いで変更することができます。その手続きを無視して、やりたいようにやればどんな社会も混乱してしまいます。ルールがあるから自由がある。この関係を理解してください。

89 マナーでもっとも大切なこと、それは「笑顔」です。不機嫌な顔は周りの人にとって不愉快

マナーがなぜあるのか。一言で言えば人を不愉快にさせないためのものです。

それだったら、これだけ覚えればとりあえず大丈夫というとっておきのマナーをここで書いてしまいます。

「笑顔」です。いつも機嫌《きげん》がよくてニコニコしていれば、それは百のマナーを覚えた以上の力になります。

いつも心にさわやかな風が吹いているような少年少女でありたいもの。逆に不機嫌だったり、つまらなそうな顔をしたり、怒った顔をしていれば、周りはうんざりしてしまいます。

明るい声と笑顔。そして笑い声。どんなときにもそれらを忘れないことです。

90 人のマナー違反を見たらどうしますか？ そこから学ぶべきことがあります

キミの周囲には、マナーを守らない人がたくさんいます。歩きながらタバコを吸っている大人がタバコのポイ捨てをしました。キミはどうしますか？ 注意しますか？ 多分できませんね。仕方がありません。大人になってもマネをしないことです。

キミが狭い歩道を歩いていると向こうから中学生が三人、自転車で猛スピードでやって来ます。危ないですね。注意しますか？ 知り合いなら出来ますが、知らない人では出来ないことの方が多いですね。仕方がありません。

世の中にはマナー違反、ルール違反をする人があふれています。それを見たとき、キミが思うべきことは、「自分はけっしてあいうことはすまい」ということ。「人がやっているから自分もやろう」では、世の中がますます殺伐《さつばつ》としてしまいます。

第6章

「言葉・電話」のマナー

91 「自分の考えていること」を伝え、「相手の考えていること」を理解することが言葉の第一の役割

自分が今何を考えているのか、何を感じているのか、言葉でハッキリ言わなければ相手に通じません。相手が何を考え、何を感じているかも、相手が言ってくれなければわかりません。

言葉はそのためにあるのですから、言うべきときはハッキリ言うことが大切です。それがコミュニケーションということです。

「わたしはこう思うけれど、キミはどう思う?」

「ボクの意見は違うけれど、キミの考え方はわかるよ」

つねに話を行ったり来たりさせてコミュニケーションしていくことが大切です。言いたいことも言わないで、そのくせ、相手にわかってほしいというのは随分《ずいぶん》とわがままな話です。話し合ってもわかり合えないことがあるのが人間ですが、話さなければもっとわからないのが人間なのです。

92 悩みや不満はお腹にためるとドンドンふくらむ。声に出して言うと楽になります

　言いたいことを言わないとお腹にたまるって、ほんとうのことです。上手に発散できる人というのは、スポーツとか趣味に興じたりしてお腹にためない人です。それができない人はお腹にためて、そのうちにそれが心を占領して、どんどん暗くなっていきます。

「○○クンにいじめられた」⇩「イヤだって言いたいけれど言えない」⇩「なんでわたしだけこんなに苦しいんだろう」⇩「そうだ、○○さえいなければいいんだ」⇩「アイツ死んでくれないかな」

　イヤなことはイヤと意思表示することが大切です。「イヤだよ」って言えなかったら、親でも先生でもいいから話をしてみること。お腹の中にどろどろしたものを一人でためるキミって、はっきり言って清々しくありません。ちゃんと言えるのもマナーのうち。

93 人に注意されて、「関係ネーよ」と言う人は、何が関係ないのか説明できますか？

電車の中で床に空き缶を置き捨てた中学生がいました。近くにいた人が注意すると「関係ネーよ」と言ってそっぽを向きました。空き缶と自分は関係がないというのでしょうか。そんなことはありません。さっきまで自分が飲んでいた清涼飲料水の缶です。それとも注意をした人と自分は関係がないから「関係ネーよ」ということでしょうか。

日本人は昔から「袖《そで》すり合うも他生《たしょう》の縁《えん》」と考えてきました。同じ時代にたまたま生きているだけでもすごい関係。しかも広い日本のたまたま同じ車内に乗り合わせている。これもすごい関係だということです。

「関係ネーよ」という言葉は自分で責任を取りたくない、早くここから逃げたいというあわれで卑怯《ひきょう》な言葉なのです。

空き缶は自分でゴミ箱に入れるのがマナーです。

94 乱暴な言葉を使うと気持ちがカサカサしてくる。言葉の乱れが、服装の乱れとなり、非行につながる

「殺す」「死ね」「消えろ」などというマナー違反の言葉が遊び感覚で使われていますが、乱暴な言葉は知らない間に使う人の心をカサカサにさせます。そして言葉の乱れが服装の乱れとなり、やがて生活の乱れにつながっていくのです。

殺伐とした言葉ばかり使えば、心がすさんでくるということです。できるだけ本を読み、気に入った言葉があったら、それを使ってみることです。

友だちに手紙を書くのもいいし、友だちに話してみるのもいい。そうすることで、言葉にふくまれたやさしさを発見してください。

やさしい言葉、美しい言葉をたくさん知っている人は、心の中にやさしさや、美しいものを見て楽しめる余裕を育てているのです。

95 「おはよう」「こんにちは」挨拶が飛び交う町は犯罪が少ない。挨拶の力に気づこう

初めて行った町で、通りがかりの人に「こんにちは」と挨拶《あいさつ》をされました。「アレ、人違いかな？」と思いましたが、しばらくして向こうからやってくる中学生がやはり「こんにちは」と頭を下げたのです。驚きました。この町では知らない人でも通りすぎるときに挨拶をします。挨拶をすることで、少年の非行や犯罪を減らすことに成功したそうです。

悪い人が町にやって来て空き巣を働こうとしているとします。ところがすれ違った人が「こんにちは」と挨拶をする。空き巣は、「マズイ、顔を見られたかな、この町では活動できない。隣の町に行こう」ということになるのです。

さて、われわれです。同じマンションの人、同じ町内の人同士が軽く会釈《えしやく》する。それだけでなごんだ空気が生まれます。〝挨拶の力〟に気づきましょう。

96 友だちの家に行ったら必ず家の人に挨拶しよう。挨拶しないと「いい友だちじゃないな」と思われます

友だちの家に遊びに行ったら、家の人に一言挨拶をするのがマナーです。「こんにちは」でもいいし「おじゃまします」でもいい。黙って友だちの部屋に入ってしまえば、いったいどういう子かなと、家の人が不安になります。帰るときも同じで、「おじゃましました」「失礼します」「さよなら」と言うべきです。

訪問先の子どもも、友だちが来たらまず居間に連れていって、「友だちの○○クンだよ」と紹介すること。これで友だちは挨拶がしやすくなります。帰るときも、「もう帰るそうだから」と言って家族のところに連れていけばいいのです。友だちが帰るとき、もう一つ大切なこと。ドアのカギをかけるのは友だちが去る足音を三、四歩聞いてからにしましょう。ドアを出たとたんにかければ、友だちは追い出されたような気分になります。

97 目上の人にはていねいな言葉を使いましょう。それが日本語のマナーです

日本語には目上の人に対して、尊敬の気持ちをあらわす言葉づかいがあります。敬語です。敬語は、一般的には「尊敬語《そんけいご》」「ていねい語」「謙譲語《けんじょうご》」の三つに分類できます。

子どもが過度に敬語をつかうのはこまっしゃくれた感じがしてイヤ味《み》ですが、最低限のことは覚えておきたいものです。たとえば先生に教室まで来てほしいとき、「来てくれ」とは言いませんね。「おいでいただけますか」です。相手への尊敬の気持ちを込めて使われます。これが尊敬語。「ていねい語」は簡単に言えば「です・ます」のこと。先生に「明日、プールに行く？」と聞かれて「行くさ」ではおかしい。「行きます」と言うべきです。「謙譲語」は、自分がへりくだるときに使われる言葉。小中学生は、ふつう「ぼく」「わたし」と言っているはずですから、それほど気にする必要はありません。

98 お父さんお母さんは「父」「母」。自分のことは「名前」ではなく、「わたし」「ぼく」と答えよう

よその人に自分のお父さんやお母さんのことを話すときは、「お父さんは仕事で出かけています」とか「お母さんは料理が得意です」という言い方はしません。「父は仕事で出かけています」「母は料理が得意です」が正しい。

もちろんおじいちゃんおばあちゃんは、「祖父」「祖母」と言います。お兄さんは「兄」、お姉さんは「姉」です。自分の家族のことを言うときは敬語は使いません。

「父は仕事でお出かけです」とか「母は料理が得意でいらっしゃいます」とは言いませんね。

若い女性でときたま自分のことを「みどりは～」とか「めぐみは～」と名前で言う人がいます。ずい分幼稚だなと思われてしまいます。自分のことは「わたし」と言うべきでしょう。男の子だったら「ぼく」。

99

「ありがとう」は魔法の言葉。一日何回言ったかが幸せのバロメーターになるのです

「ありがとう」と言われてイヤな気分になる人はまずいません。キミが誰かに何かしてもらって「ありがとう」と言えば、相手は笑顔を返してくれるでしょう。「ありがとう」は人間関係の潤滑油《じゅんかつゆ》。言えば言うほど、ギスギスした感情から遠く離れることができます。

お店で店員さんに品物を探してもらったり包んでもらったりしたら「ありがとう」か「ありがとうございます」。クラスメイトが落とし物を拾ってくれたり、宿題を教えてくれたりしたときも「ありがとう」。お母さんが、朝、ハンカチや靴下を揃《そろ》えてくれたときも「ありがとう」。

一日に何回「ありがとう」と言っていますか。言えば言うほど幸せになれるのです。

「ありがとう」を口癖《くちぐせ》にしてしまいましょう。

言えば言うほど
幸せになれる…。
ありがとう

100 絶対に言ってはいけない「ブス」という言葉。言われた人にとって、一生つらい思い出となるのです

男子は気軽に「アイツはブスだから」などと言いがちです。中には面と向かって言う人もいます。

顔のことは話題にしない、口にしないのがマナーの鉄則です。言ったとたんに、キミの心の醜《みにく》さがさらけ出され、キミという人間は清々しさを失います。

中学のとき同級生の男の子に「ブス」と言われた女性が、三十半ばを過ぎてもそのことが忘れられず、引きこもりになってしまったケースがあります。人をそんなに苦しめ、つらい思いをさせる「権利」は誰にもありません。キミだって「醜男《ぶおとこ》」と言われればくやしいでしょう。

「ブス」という言葉は、死語《しご》、つまり一生使わない言葉にしてしまいましょう。

101 電話がかかってきました。「ハイ、鈴木です」と答えるのはダメ。まず相手の名前を確認しよう

自分から電話をかけたときは、「鈴木と申しますが」とまず名乗ることが大切です。

しかし、かかってきた電話に「ハイ、鈴木です」といきなり言う必要はありません。最近はどこの誰からどんな理由で電話がかかってくるかわからない時代です。「もしもし」と言われたら「ハイ」だけで応じましょう。相手が名乗らなかったら、こちらも名乗る必要はありません。

「山田ですけれど、お母さんいますか?」と言われた場合もすぐ「います」と言ってはいけません。「どちらの山田さんですか?」と聞くこと。というのは最近のセールスは、会社名を名乗らないでいかにも知り合いとか友人であるかのような口調で電話してくることが多いのです。きちんと相手の会社名と名前を確認した上で、母親に取り次ぎましょう。

102 あやしい電話がかかってきたら、まず相手の名前と電話番号を確認し、近くにいる大人に連絡しよう

「あなたのお母さんが車にはねられて大変です、すぐ来てください」。こんな電話がかかってくれば誰だって気が動転《どうてん》してしまいます。しかし、この電話はキミを誘い出すための危険な電話かもしれません。

こんなときは、「こちらからかけなおします、あなたのお名前と電話番号を教えてください」とまず答えてください。

ほんとうにお母さんが事故にあったなら、相手は自分の名前と電話番号を言うはずです。

ただし、そうだからと言ってすぐに相手に電話をしなおし、相手の言う通りに動いてはいけません。

親戚か近所の人に連絡して、対応について指示をもらうか、いっしょに行動してもらうことです。

103 友人の電話番号や住所を他人に教えるのはマナー違反。何かが起こったら責任が取れますか？

最近、大きな会社から顧客《こきゃく》データが流出するという事件が相次いでいます。「名簿」が売り買いされ、セールスなどに悪用されているのです。

もし、キミのところに、

「こちらは××です。今、名簿をつくっていますが、クラスのお友だちの住所・電話番号を教えてください。ご協力をお願いします」

という電話がかかってきた場合、キミはどうしますか？

そうです、この場合絶対に友だちの住所・電話番号を教えてはいけません。友だちが知らない間に名簿が作成され、それが売り買いされて、いつどんなことで友だちの家に迷惑な電話やセールスが行くかわからないからです。

友人のプライバシーに関《かか》わることは第三者に教えない。友人関係のマナーです。

104 電話を切るときは一呼吸置いてから切ると失礼にならない。早く切ると相手の耳に衝撃音が伝わります

用件が終わると即座に電話を切る人がいます。電話の向こう側の人がまだ受話器を耳につけている場合、ガッチャーンとものすごい音が鼓膜《こまく》に響くことになります。

ていねいな人は「それではよろしくお願いします」と言いながら、ゆっくり受話器から耳を放します。

あるいはしばらく耳のそばに受話器をとどめ、相手が切ったことを確認してから受話器を下ろします。

電話をかけ終わったら、耳から受話器を放し、一瞬受話器に目をやって、それからゆっくり下ろすぐらいがちょうどいいのです。

一呼吸置いて余韻《よいん》を残すことで、話した相手へのやさしい気持ちが伝わるのです。

105　電話で、大切なことはかならずメモをする習慣をつけよう。人間は聞いただけではすぐ忘れるものです

家族の留守中に、お姉さんの友だちから電話がかかってきました。「清美さん、いますか?」「今、買い物に出かけて、留守です」「じゃあ、伝言をお願いしますね」「ハイ」「明日の待ち合わせですけれど、JRの○○駅の東口の改札で午後一時ということで。よろしくお伝えください」「ハイ」。

さて、お姉さんが帰ってきました。「友だちの××さんから電話があったよ。それでね、エート、待ち合わせのことだけれど、○○駅の(アレ、何口だっけ?)改札でね、エート何時だったっけ?」「忘れちゃったの、えー、困るじゃない」。よくある話です。

電話を取り次ぐときは、必ず電話をしてきた人の名前と所属(会社とか学校名)、それから用件をメモしておくこと。「忘れない」ための技術を身につけましょう。

第7章

「歩く・乗る」マナー

106 歩いていて、追い抜いた人のすぐ前に出るのは危険です。うしろの人への注意が大切

最近の若い人は足が速いですね。

といって走る速さではありません。「歩く速さ」のことです。それだけ足が長くなっているのでしょう。

ところで中学生に追い抜かれた瞬間、足がもつれて転倒しかかった女性がいます。その人はふつうのスピードで歩いていたのですが、うしろから来た中学生がスッと追い越していきました。

そしてその瞬間ですが、女性のすぐ前に出たのです。女性が左足を出そうとしたその場所に中学生の右足がグイッと入ってきたのです。足を下ろしそこなって女性はバランスを失い、転倒しそうになりました。中学生はうしろで起こっていることも知らずに去ってゆきました。人を追い越してもすぐその人の前に出ないこと。歩く上でのマナーです。

107 階段を登るとき、雨傘を横向きに持てば凶器になる。とがっている方を下にして持とう

さしていない雨傘《あまがさ》を持つときは、先端が下（地面の方）に来るようにしなければなりません。横に持って、先端がうしろにいった場合、非常に危険なことが生じます。うしろに小さな子がいれば、その子の目を突いてしまうかもしれません。駅の階段を登れば、先端のとがった部分が、うしろから登ってくる人の顔を直撃するかもしれません。

中にはとがったものを非常にイヤがる人がいます。その人の目の前に雨傘の先端をつきつけるようにして登っていく若者がいて、ケンカが起こりました。この人は恐怖感《きょうふかん》のあまり、つい手が出て傘をひったくってしまったのです。

もう一つ、雨が降ったときの大切なマナーがあります。濡《ぬ》れた傘を持って電車に乗るときは、傘が他の人のズボンやスカートにくっつかないように気を配ることです。

108 体の不自由な人がいたら、今その人にとって何が大変なのか想像してみよう

目の不自由な人が横断歩道を渡っていました。黄色信号が点滅し、歩いている人がいっせいにスピードを上げて渡ってしまいました。目の不自由な人が一人取り残されたのです。いや、そうではありません。もう一人中学生の少女がいました。

彼女は目の不自由な人の手を取り、そして運転手に合図を送ったのです。「もう少しで渡り終えますから待ってください」という気持ちを込めて、運転手さんの目をしっかり見たのです。アイコンタクトですね。目と目が合った運転手は手を上げて、二人が渡り終えるまで待ってくれました。体の不自由な人が危険な状態にあるときは、周りに知らせること。

駅の券売機の前で困っている人がいたら、「何かお手伝いできますか」と声をかけましょう。

109

無灯火で夜道を走る自転車は「走る凶器」です。夜道は点灯が原則

日本の町は明るいですね。街灯《がいとう》があるし、商店の明かりもある。それに道をゆく車がみなヘッドライトを点《つ》けている。明るいから、自転車はライトを点けないでも走れます。

――こう思っているキミは、自転車のライトは乗っている人のためにあるものと固く信じているはずです。でも、自転車のライトは前方から歩いてくる人のためでもあるのです。むしろこっちの役割の方がずっと大きいのです。

夜道をライトを点けないで走ってくる自転車を観察してみてください。自動車のライトの中に入ってしまうと、自転車はもちろん、乗っている人まで黒いシルエットになってよく見えません。黒い固まりが猛スピードで歩道を走ってくるのです。〝黒い凶器〟そのものです。夕方になったらライトを点灯する。人をケガさせないためのマナーです。

110 自転車は車より弱いから、歩道を走ってもいい。でも歩行者は自転車より弱いのです

本来、自転車は車道を走らなければなりません（法律上は軽車輌です）。でも、それでは危険だから歩道を走ることが大目に見られているのです。そのために今度は歩く人が危険にさらされるようなことが起こっています。歩道を猛スピードで走ってきた自転車が角を曲がったところで六十歳の女性と正面衝突してしまいました。女性は肩を骨折し、半年以上も入院しました。歩道はゆっくり走るのが、自転車のマナーです。

歩道では歩く人が主人公です。キミが自転車で走っているとき、前方に親子連れが歩いていました。キミは「どけどけ」というつもりでベルを激しく鳴らしました。これはマナー違反。歩道はあくまでも歩く人のためのもので、自転車はちょっと使わせてもらっているだけ。相手が気づけばいいのですから、「すみません」の一言でいいのです。

111
放置自転車は歩行者を危険な目にあわせ、商店のじゃまになりがち

商店の前に自転車を放置してお客さんの出入りをじゃまするのは営業妨害です。狭い歩道にも置かないこと。歩道をわが物顔に占拠《せんきょ》しているキミの自転車を避けるために、歩行者がいったん車道に降りれば、その人は危険にさらされます。

やむなく止めるときは、歩行者のじゃまにならないよう、そして商店の出入り口を避けて止めることです。

各地で駅前の放置自転車が問題になっています。何百という自転車が歩道を埋めて、歩行者が通りづらくなっています。「みんなでやればこわくない」ということでしょうが、人の迷惑になっていることは確かなことです。駐輪場《ちゅうりんじょう》があればそこに止めるようにしましょう。(止めるための) わずかなおカネをけちってはいけません。

112 電車では降りる人が先に決まっている。われ先に乗り込む人は「おバカさん」?

以前、外国旅行のときに見た光景ですが、バス停で三人ほどの客がバスを待っていました。バスが来てドアが開くと、三人がわれ先に乗ろうとして入り口は大混乱。日本人ならちゃんと並んで順番に乗るのにと思いました。

ところが最近はどうでしょう。日本でも入り口付近で傍若無人《ぼうじゃくぶじん》にふるまう人が目立ってきました。

並ばないで、列の横に立っていて電車が来るとスッと一番前に行ってしまうのです。それから、「降りるお客様がすんでからお乗りください」とアナウンスされているのに降りる客に肩をぶつけて乗り込もうとする人がいます。降りる人が降りてしまえば車内は空いて楽々入れるはずです。

こんな単純な事実を無視して、人と肩をぶつけ合っている人はおバカさんなのです。

113

車内で飲み食いをしない。ゴミを床に捨てたり、座席の隅に押し込まない

　とある電車。高校生たちが菓子袋を開けて食べはじめました。スナック菓子の油のきつい臭《にお》いが漂い、そばにいた人が気持ち悪くなってしまいました。挙げ句に、彼らは空き袋を床に捨てたり、座席の隅に押し込んでしまったりしたのです。

　こう考えてみてはどうかな。自分の体から出てくるものをところかまわず外に出してしまったら、とても汚い。体から出てくるものとはツバ、タン、大小便などです。こういうものをどこでも出していいわけがないことは知っていますね。人間は自分の生理現象《せいりげんしょう》を管理する責任があるのです。ところで、ものを食べるのも生理現象の一つ。その結果として出たゴミも生理現象の一部。だから、自分で処理しなければいけません。ゴミはゴミ箱へ。それ以前に電車の中で飲食をしないというマナーを身につけたいものです。

114 黙って人の体に触れない。やむなく触れるときは「失礼します」とか「すみません」と言おう

電車の中が混んでくると人と人の体が触れるのは仕方がないことです。

でも、手や肩で相手の体に触れることは、ちょっと違った意味をもってきます。

たとえば手で相手をどける。「じゃまだ」というメッセージが含まれています。

突き飛ばす。肩をぶつけて相手をどける。これは「攻撃」そのものです。

外国人は、こんなときはまず「エクスキューズミー」(失礼します)といって会釈します。やむをえずあなたに触れますがお許しくださいという意味です。

ですから、外国人が日本に来ると、黙って手で押し退《の》けたり、肩をぶつけても黙っていってしまう人ばかりが目立ち、とても不気味に思うそうです。「すみません」とか「降ります」とか、一言言えばいいだけなのですが。

115 携帯音楽プレーヤーのシャカシャカ音はとても耳ざわり。聴くときは音を絞って

混んだ電車で若者が携帯音楽プレーヤーを聴いています。シャカシャカ音が外にもれて、すし詰め状態でイライラしている周りの人が殺気《さっき》立っています。よくある光景ですね。若者は音楽を聴いているだけじゃないかと思っているかもしれませんが、好きな音楽でさえ無理に聴かされればイライラするのが人間です。ましてやシャカシャカという機械のような音。

アパートで隣に聞こえるように音を出せば苦情が来ますね。だから気をつけるはずです。

家でも同じでしょう。自分の部屋で好きな音楽をボリュームを上げて聞けば、親が「うるさいから少し小さくして」と言うはずです。

電車の中はすべて「隣」です。その隣が迷惑していることに気づくキミはほんものの音楽愛好者です。

116 電車の中で、お年寄りに席を譲るのは当たり前。それができない日本人は恥ずかしい日本人だぞ

韓国では一人のお年寄りが電車に乗ってくると、あっちでもこっちでも若者が立ち上がるそうです。

日本は違いますね。シルバーシートに若者が座り、足を広げてメールを打っている。その前にお年寄りが疲れた表情をして立っている。周囲の大人は何も文句を言いません。

だいたいどこの国もシルバーシートなどないそうです。そういうものがなくてもお年寄りは守られているのです。シルバーシートがあること自体が恥ずかしいこと。その席に体力のある若者が座ることはもっと恥ずかしいことです。そういう若者のマネをしてはいけません。

電車の中ではなるべく立っているようにするとよいでしょう。バランスを取る訓練になります。

117 電車内で床に座らない、入り口付近にたむろしない

今の若い人は足腰が弱いのか、電車の床に尻《しり》をつけて座ってしまう人がいます。混んでいる車内では場所をふさぐ迷惑行為です。

入り口付近でそれをやれば乗り降りする人が迷惑です。以前ですが、乗ってきた人が床に座っている若者の足をギュッと踏んづけてしまいました。「イテッ」。若者は血相を変えて立ち上がりましたが、相手が強そうなのでシュンとしてしまいました。

それを見ていたおばあさんが、「今度わたしも踏んづけてやろうかしら」と小さな声で言って腕を少しまくりました。周囲の人がドッと笑いました。若者はますます肩身が狭くなったようでした。

人に踏んづけられたり笑われたり……。なんだか寂しい青春を送っていますね。

118 電車内で大きな声でケータイを使う人は、山猿と同じだそうです

無関係な人のプライベートな話というのは、周りの人にとって「雑音」そのものです。電車内でのケータイの使用がそうですね。

やむなく使うにしても、小さな声で話せばいいのに。今のケータイは性能がいいから静かに話してもちゃんと相手に聞こえます。そんなことも知らない(多分知らないのでしょう)で大きな声で「それでヨー」「明日のコンパでさー」などとやっている人がいます。どうも大学生が多いらしい。

ある人によれば、彼らは山猿なんだそうです。「あっちの木とこっちの木でいつも話していれば声は大きくなるし、誰の迷惑にもならないでしょ。そんなところから出てきたのでしょう。そう言えばそんな顔をしています」。そんな顔かどうかわかりませんが、電車内のマナーを守れない人は山猿。そう思うことにしています。

ギャー
ギャー
山から猿が
おりてきた…。

119 新幹線や飛行機の座席シートを倒すときは、うしろの人が何をしているか確認してからにしよう

国際線の飛行機の中で嫌われる日本人のマナー違反の一つに、うしろの人が今どういう状態であるか確認することなく、座席シートを黙って倒してしまう行為があります。

外国人はたいていうしろを見て、「エクスキューズミー」（失礼します）と一声かけてから倒します。うしろの人がテーブルを出して食事をしているかもしれないし、手紙を書いているかもしれないからです。キミはこれから乗るチャンスがいくらでもあるはずです。こんなときは、まずうしろを確認してから倒しましょう。

新幹線も同じです。うしろの人に「失礼、椅子を倒していいですか」と言う大人はまずいません。ですから、キミもそこまでしなくていい。でも、うしろの人が何をしているかをふりかえって確認することならできるはずです。

第8章

「買う・見る・食べる」マナー

120 お店の中を「歩くリズム」に気がつこう。けっして走らないキミはエレガントだ

デパートに来た三人の中学生が、どういうわけか店内でオニごっこを始めてしまいました。体の大きな三人組がゲラゲラ笑いながら店の中を走り回るのです。

店内の通路を走れば人にぶつかるし、商品をひっくり返すかもしれません。店の人はハラハラし、お客さんは眉《まゆ》をひそめます。

店内では多くの人が品物を見るためにゆっくり歩いたり立ち止まったりします。お店という空間では買う物を探すのにふさわしい「歩くリズム」があるのです。キミも他のお客の歩くリズムに気づき、それに合わせて歩くことが肝心です。

悠然《ゆうぜん》と歩いているキミはスマートに見えるものです。マナーとは他人が見てスマートな自分を見せる、ということでもあるのです。

121 切符を買うときは、あらかじめ目的地をチェックし、おカネを準備しておこう

駅の券売機に長い列をつくってしまう人はこんな人です。

自分の番が来て初めて行き先までいくらかと案内板を見る⇩運賃がわかりました⇩それからバッグを開けて財布を探します（大きなバッグでなかなか見つからない）⇩やっと財布を取り出すことができました⇩今度は、おカネを取り出すのに時間がかかります⇩やっと券を買うことができました⇩お釣りがあります。「釣り銭を財布にしまわなくっちゃ」⇩券売機の前につっ立っておカネを財布にしまいます⇩やっと券売機から離れました。

ふつうの人の三倍ぐらい時間がかかりますね。

こんな人から学ぶべきは、①列に並んでいる間に運賃表をチェック②財布からあらかじめ小銭を出して手に握っておく③お釣りがある場合、券売機を離れてからしまう、です。

122 本の立ち読みは「盗み」と同じ行為です。大人がやっているからといってマネしてはいけない

本や雑誌は商品です。他の商品と本、雑誌の違いは中身が「情報」ということです。たとえば、誰かが陳列棚のジャムのビンのフタを開けて、中身のジャムだけ取り出して空きビンをまた元の場所に戻したとします。もちろんおカネは払いません。これは立派な犯罪行為です。雑誌の場合はどうでしょうか。中身の情報だけタダで読んでしまって読んだ雑誌は元に戻す。いわゆる立ち読みというヤツです。これとジャムの例では何がどう違うのでしょうか。じつは何も違わないのです。本や雑誌を立ち読みしている人は、知らず知らず商品の中身を抜き取っているのです。

今、本屋さんも本をつくる人もみんな中身だけ抜き取る行為で困っているのです。

もちろん買うために内容をパラパラ見るのはかまいません。

123 立ち読みがいけないもう一つの理由、それは営業妨害だからです

立ち読みはむしろ大人の方が多いですね。雑誌コーナーにズラッと並んで立ち読みをしている光景はめずらしくありません。ほんとうに買いたい人が雑誌コーナーに近寄れません。

女子高校生が、大人と大人の肩の間のすきまから買いたい雑誌を取ろうとしたら、大人の一人が肩をガツンと寄せてきて妨害したそうです。雑誌を取ろうにも手が届かないのです。「おれの方が先に立ち読みしているんだ、あとから来て立ち読みに参加するならじゃまにならないようにやれ」ということでしょうか。

彼女は結局あきらめたそうです。そうなるとズラッと並んで立ち読みしている人は、営業妨害をしていることになります。

こんな大人のマネはやめましょう。

124 「たかが万引き」でしょうか？万引きによって倒産する書店もあります

クラスメイトのAさんの家は書店を営んでいます。Aさんは最近悩みがあるようです。じつは万引きの横行で店の売り上げが落ち込み、両親が頭をかかえているのです。

夜、両親が話しているのをAさんは聞いてしまいました。「このままではやっていけない」「お店閉めるしかないかな」「……」。

もし自分の親がAさんの親と同じような悩みを抱えているとしたら、とてもイヤですね。

書店はもともと利益の少ない仕事です。一日に何冊も万引きされたらとてもやっていけません。やっている人は「たかが万引き」と軽い気持ちかもしれませんが、家族を食べさせるために必死で働いている人にとっては死活《しかつ》問題。Aさんとその家族の悩みがわかる人でありたいですね。

125 汚れた手で品物にさわらない。さわれば商品の価値がなくなります

雑誌などをタダ読みすると、表紙に指紋やら手の脂《あぶら》がベッタリ付着して、まともに売る商品ではなくなります。つまり商品を一つダメにしてしまったようなものです。

自分が読みたいもの、必要なものは自分のおカネで買うのが基本的なルールです。

汚れた手で品物にさわらないというのは本ばかりでありません。果物やお菓子、あるいはシャツや帽子、靴などもそうです。

どうせ買わないからといって、汚れた手で品物をいじくりまわすのは、マナー違反です。

商品を手に取るときは、ていねいにあつかう。そして戻すときは置いてあった場所に戻すようにしましょう。

126 ショーケースの中に展示されているものを見たいときは、「見てもいいですか」と聞こう

ワゴンの上に乗っている品物なら手にとって見てもかまいません。しかし、ショーケースに入っている物はどうでしょうか。

ショーケースに入れてある商品は、一般にめずらしいものか高価なものです。店の人がちゃんと管理しているのです。店員さんがいないからと言って勝手に開けて手にしてはいけません。店員さんがいないときはその辺を一回りしてくるといいでしょう。そして店員さんに、「これ見せてください」と言います。

見終わるとショーケースの上に乱暴に置いて立ち去る人がいますが、これもマナー違反です。

ていねいに置いて、一言「ありがとうございました」と店員さんに言って立ち去るべきです。

127 スーパーマーケットのカゴやカートは、元の場所に戻そう

スーパーで使ったカゴやカートをそのままにして店を出るお客さんがいます。

置きっぱなしのカゴやカートはじゃまなものです。店員さんがときどき集めては元に戻していますが、どうして使った人が元に戻せないのでしょうか。自分が使った道具は自分で片づけるのがマナーです。そんな遠くに戻しに行くわけではありません。せいぜい三、四歩です。

大リーグのイチロー選手は試合が終わると、まず自分のグラブの手入れを入念にします。今日も使わせてもらってありがとうという気持ちなのでしょう。やはり一流の人は違います。一流の人は道具を大切にする。キミだってどうせマネをするのなら一流の人のマネをすることです。たとえスーパーのカゴでも道具は道具なのです。

128 レストランの中を走り回るのは、ネズミと同じ行為。大声を出すのもマナー違反

小さな子どもがレストランの中を駆け回っている光景をときどき見かけます。親は知らんぷりです。案の定転んで、今度は大泣きです。やっと親が出てきましたが、周りは「これがあの子の親か、しつけができない困った親だな」という目で見ています。

人間はそのままでは動物と変わりません。それを社会に出して恥ずかしくないようにしつける義務が親にはあります。

動物ならしつけはいりません。レストランの中を走る動物はわたしの知るかぎり、深夜にときどき現れるネズミだけです。つまり駆け回っている子どもに注意をしないのは、親も子もかぎりなくネズミに近いのかもしれません。店の人を大声で呼ぶのもいけない。

他人が〝楽しく美味《おい》しく静かに〟食べるのを妨害してはいけません。

129 口にものをほおばりながらしゃべらない。ものが入っているとき話しかけられたら、口を指でさそう

テレビのグルメ番組を見ていてとてもイヤな気分になったことがあります。出演者が口一杯に食べ物をほおばっていました。その状態でギャグを言おうとして、自分でおかしくなって吹き出してしまったのです。口の中にあったものがバーッと空中に飛びました。ご飯粒が飛び、魚の切れ端が飛び、テーブルの上も畳の上もベタベタです。グルメ番組に登場する人はぜひ最低限の食事マナーを心得た人であってほしいものです。

食事をしながら楽しい会話を交わすのはとても大切なことです。でもものを言うときは口に食べ物をほおばっていてはいけません。

一度にたくさんほおばらず、飲み込んだあと話をする。その繰り返しでいいはずです。口にほおばっているときに話しかけられたら、指で口をさして待ってもらいましょう。

一度にたくさんほおばらない。
きたないなー。

130 スープを飲むときは音を立てないこと。〝食べる〟ようにして飲むとよい

スープを飲むとき、ついズズズズッとすすってしまいますが、これは外国人がとてもイヤがる行為です。

キミたちも国際化の時代を生きているわけですから、いずれ外国人といっしょのテーブルにつく機会がやってきます。そんなときに付け焼き刃でできないのがスープの飲み方。スープはスプーンをお皿の手前からでも向こう側からでもいいですが静かに動かしてスプーンの三分の二ほどすくい、スプーンの先、もしくは横の方から口の中に入れます。スプーンから直接吸えばチューチュー音がするし、口をお皿にくっつけて飲むのははしたないことと知るべきでしょう。

英語ではスープを飲むことをｅａｔ ｓｏｕｐと言います。ｅａｔは「食べる」ですから、食べるように飲むということです。

131
朝食をしっかり食べれば明るい一日が待っています。成績も上がるそうだ!

――朝食をとらない子どもは、テストの成績がよくない。
――朝食をとらない学生は、国家試験など大きな試験で失敗する傾向がある。
――朝食をとらない車の運転手は、注意力が散漫《さんまん》で事故を起こしやすい。

みんなほんとうのことです。朝、体に必要な栄養分をとり、体温を上げてやらないと、心身ともにボーッとしてしまうのです。朝食をとらない子は、とった子どもに比べて元気がありません。集団の中で元気でいることは、とても大切なマナーなのです。

朝食をしっかりとるためには、まず夜更《よふ》かしをしないことです。夜更かしをして朝寝坊をすると、朝食をとる時間がなくなります。それから、寝る前にスナック菓子などを食べないこと。お腹にものをためたまま寝ると消化ができなくて朝まで残ってしまいます。

132
食事マナーの基本は箸の使い方にあります。箸を上手に使える人は、しつけのいい人

箸《はし》がちゃんと使えると、食事をしている姿まで決まるものです。

そのためにはまず箸の置き方から。目の前に箸が置かれたとき、細いほうが左になるように置くことが大切。その方が取り上げる際、理《り》にかなっています。

そして大切なのが箸使い。まず「握り箸」はいけません。二本の箸を赤ん坊のように握って食べることです。これは人に向ければそのまま武器になるのでマナー違反とされます。「迷い箸」もいけない。どれを食べようかなと思って料理の上を箸がウロウロする行為です。「突き箸」は、おかずに箸を突き刺して食べる行為。これもマナー失格です。

箸の持ち方は、キミが大人になってもずっとキミが正しいマナーを教わってきたかどうかの判断の一つとされます。ぜひ箸の正しい持ち方・使い方をマスターしましょう。

133 覚えておこう。マナー違反の箸の使い方

さらに、やってはいけない箸の使い方を書いておきます。

①「探り箸」⇩大皿の中に箸をつっ込んで、自分の好きな肉などを探すことです。

②「ねぶり箸」⇩箸を口にくわえてピチャピチャやる行為です。

③「よせ箸」⇩少し離れたところにある小鉢などを箸で手元に寄せる行為です。

④「楊枝箸《ようじ》」⇩箸で歯の間にはさまったものを取る行為です。

⑤「ほとけ箸」⇩ご飯の上に箸を突きたてる行為。これでは仏壇《ぶつだん》と同じです。

⑥「くわえ箸」⇩箸をくわえること。

昔の人は箸の先三センチだけで食べるように心がけたそうです。とてもマネできませんが挑戦する価値はあると思います。

134 西洋料理ではたくさんのスプーンやフォークが並んでいますが、外側から使えばいい

スプーンやフォークは、たいてい外側から内側に使っていけば間違いありません。目印はスープ用の大きなスプーンです。スープは料理の最初の方に出ます。そのとき使うスプーンが外側にあれば、あとはだんだん内側に向かって使っていけばいいとわかります。テーブルマナーはものおじせずに周りの大人のやるようにやればいいし、どうしてもわからないときはすなおに聞けばいいのです。

そうそう、西洋料理では席につくと目の前にナプキンが置いてあります。座ったらまずこれを取って自分のヒザに乗せること。

それから席を中座するときは、ナプキンを椅子《いす》の上にそっと置けばいいのです。

これができれば、キミはりっぱな紳士であり、淑女に見えるはずです。

135 「出されたものはきれいに食べる」はもっとも大切なマナー。気をつけたいバイキング料理のとりすぎ

キミはまだダイエットが必要な年齢ではないと思います。体の成長期ですから、どんどん食べて栄養をつけましょう。

それに食べ残しは、失礼です。何に対して失礼かって？ 命に対してです。野菜も果物も肉も魚もお米もみんな生き物です。その命をいただいて自分の命の糧《かて》にするのです。自然界のたくさんの命がこっちの命に移ってくるのです。ですから食べ物を粗末にあつかうということは、命を粗末にするのと同じことなのです。

好きなものをいくらでも食べていいのがバイキング料理です。いくら食べてもいいというので、みんなお代わりをしますね。そして最後は食べ残し。これがいけません。最後の二皿ぐらいは少なめにとることです。そうすれば食べ残しをせずにすむはずです。

この作品は、二〇〇四年九月に新講社より刊行された。

著者紹介
多湖　輝（たご　あきら）
1926年生まれ。東京大学文学部哲学科（心理学専攻）卒業、同大学院修了。現在、千葉大学名誉教授、多湖輝研究所所長、東京都・心の東京革命推進協議会（青少年育成協会）会長、日本創造学会名誉会長、（財）才能開発教育研究財団理事など数多くの役職をこなす一方、講演などでも活躍中。
著書に『盲点力』『「なぜか娘に好かれる父親」の共通点』（以上、新講社）、『頭の体操』（1～23、光文社）、『好かれるお母さん　嫌われるお母さん』『しつけの知恵』『「がまんできる子」はこう育てる』（以上、PHP文庫）ほか多数。

PHP文庫　12歳からのマナー集
インターネット、ケータイから、電車内マナーまで

2007年7月18日　第1版第1刷
2012年10月5日　第1版第2刷

著　者　多　湖　　輝
発行者　小　林　成　彦
発行所　株式会社PHP研究所
東京本部　〒102-8331　千代田区一番町21
文庫出版部　☎03-3239-6259（編集）
普及一部　☎03-3239-6233（販売）
京都本部　〒601-8411　京都市南区西九条北ノ内町11
PHP INTERFACE　http://www.php.co.jp/
組　版　朝日メディアインターナショナル株式会社
印刷所　共同印刷株式会社
製本所　株式会社大進堂

ISBN978-4-569-66750-8